나도 이제
자신 있게
손글씨
쓸 수 있다

나도 이제
자신 있게
손글씨
쓸 수 있다

초판 1쇄 인쇄 | 2026년 3월 20일
초판 1쇄 발행 | 2026년 3월 30일
지은이 | 윤영화
펴낸곳 | 태을출판사
펴낸이 | 최원준
등록번호 | 제1973.1.10(제4-10호)
주소 | 서울시 중구 동화동 52-107호(동아빌딩 내)
전화 | 02-2237-5577 팩스 | 02-2233-6166
ISBN 978-89-493-0712-1   03000

나도 이제 자신 있게 손글씨 쓸 수 있다

윤영화 지음

태을출판사

매일매일 꾸준함으로 만드는
예쁜 글씨 습관이 글씨를 바꿉니다!

휴대폰이나 컴퓨터가 아닌 예쁘고 반듯한 글씨는 그 사람의 성품과 이미지를 긍정적으로 비추어 주며, 때로는 그것이 인생의 좋은 기회로 이어지기도 합니다.

하지만 글씨를 잘 쓰는 것은 타고나는 것이 아니라, 오랜 시간의 꾸준한 노력의 결과입니다.

겉으로는 자연스럽게 잘 쓰는 것처럼 보여도, 매일 반복적 연습이 글씨체를 바꾸는 가장 확실한 방법이라는 사실을 기억해야 합니다.

그럼 글씨를 잘 쓰기 위해서는 어떻게 해야 할까요?

무엇보다 바른 글씨체의 기초를 익히는 것이 중요합니다. 그리고 잘 쓰인 글씨를 많이 보며 조금씩 천천히 노력하며, 장시간의 연습보다는 짧은 시간이라도 매일 거르지 않고 꾸준히 연필이나 펜으로 글씨를 써보는 것이 중요합니다.

특히 좋은 방법은 『나도 이제 자신 있게 손글씨 쓸 수 있다』와 같은 책을 참고하며 좋은 글귀나 명언, 속담, 시 구절을 습관적으로 보고 따라 쓰는 것입니다. 그렇게 차근차근 필기를 하다 보면, 어느 날 생각지도 않게 글씨가 자연스럽게 잘 써지는 순간을 마주하게 될 것입니다.

날마다 반복적인 훈련을 통해 어느새 자신만의 개성이 담긴 예쁜 글씨체가 완성되고, 글씨를 잘 쓰는 사람으로 주위의 인정을 받게 될 것입니다.

예쁜 글씨를 향한 여러분의 첫걸음을 응원합니다.

이 책의 100% 활용법

악필이여서 혹은 글씨체가 괜찮은데도 더 예쁘게 글씨를 쓰고 싶은 분들이 계실 겁니다.
하지만 막상 글씨를 쓰려 하면 글자가 삐뚤빼뚤하고 깔끔하지 않아 고민이 되는 경우가 많습니다.
이 책은 그런 분들을 위한 바르고 예쁜 글씨 쓰기 길잡이입니다.

글씨를 잘 쓰는 그 시작은 아주 단순합니다.
깔끔하지 않은 글씨의 특징은 글자 사이 간격 어긋남, 자음과 모음의 불균형, 글자의 일정치 않은 높낮이입니다.
위 내용들을 잘 기억하여 짧은 단어부터 연습하며 문장으로 확장하면서 자연스럽게 실력을 조금씩 늘리는 겁니다. 또한 쓰는 속도를 조절하는 것도 중요합니다. 너무 빠르게 쓰면 글자가 흐트러지니 처음에는 천천히 써서 정확도를 높이고, 점점 속도를 올려 자연스러운 흐름을 만드는 겁니다.
이제 글씨를 적절한 속도로 기초부터 차근차근 익혀 나가며, 반복 연습하여 균형잡힌 글씨체를 완성할 수 있도록 도와주는 방법들을 함께 살펴 볼까요?

1. 올바른 자세로 시작하기

손글씨 연습에 적합한 필기도구와 종이를 선택합니다.
연필이나 펜을 너무 세게 잡지 말고, 손목에 힘을 빼고 부드럽게 움직여야 합니다.
종이는 약간 비스듬히 놓고, 팔 전체로 글씨를 움직이는 느낌으로 써보세요.

2. 기초 글씨체부터 익히기

한글의 기본 모양을 익히는 것이 필요합니다.
ㄱ, ㄴ, ㄷ, ㅅ 같은 자음의 형태와 ㅏ, ㅓ, ㅗ, ㅜ 처럼 모음의 방향을 각각 따로 연습해 보세요.
자음과 모음의 모양, 균형을 의식하며 써보세요.

3. 기본 획부터 천천히 일정하게 연습하기

획이 고르고 일정해야 글씨 전체가 단정해집니다.

빠르게 쓰는 습관보다는 글자 하나하나를 천천히 따라 쓰다 보면 획의 방향과 굵기를 일정하게 유지하면서 글씨가 안정적으로 보입니다.

4. 글자 간격 지키기

손글씨가 지저분해 보이는 이유는 대부분 간격 때문입니다.

자음과 모음의 간격이 너무 붙거나 멀어지지 않도록 생각하며 써보세요.

글자와 글자, 줄과 줄 사이를 일정하게 맞추면 훨씬 깔끔해집니다.

방안지를 활용하면 글자 크기와 줄 간격을 일정하게 유지하기 좋습니다.

5. 좋은 글씨 자주 보고 따라 쓰기

예쁜 글씨를 눈으로 익히고, 손으로 따라 써보는 것이 효과적입니다.

관찰을 잘하면 무엇이 '예쁜 글씨'인지 눈으로 익히게 됩니다.

글자의 간격, 기울기, 획 굵기를 자세히 살펴보며 좋은 글귀, 시 구절 등 감성적인 문장을 필사해 보세요.

6. 짧은 시간이라도 매일 써 보기

하루 10분에서 20분 간격으로 집중해서 연습해 보세요.

긴 시간 한 번보다 짧은 시간 여러 번이 훨씬 효과적입니다.

반복적으로 연습하면서 손에 익히면 자연스럽게 글자 모양이 잡히게 됩니다.

짧은 시간이라도 꾸준히 손을 움직이는 게 가장 빠른 성장 비결이에요.

7. 나만의 글씨체 찾기

기본 글자를 익힌 후에는 꾸준히 연습하면서 자신만의 속도로 다양한 스타일의 글씨체를 시도해 보세요.

이를 반복하면서 자연스럽게 손에 익고, 개성 있는 나만의 글씨체가 만들어집니다.

평소 글씨 때문에 고민이 많았던 분들께 이 가이드 라인을 제시해 드리니 잘 활용해 보시기 바랍니다.

차례

2단계
정자체 방안지에 가로세로쓰기

3단계
정자체로 줄 노트에 가로세로쓰기

부록

1단계

바른 글씨를 쓰기 위한 준비와 기본기 익히기

예쁜 글씨를 쓰기 위해서는 올바른 자세를 유지하고, 자신에게 맞는 도구를 선택한 뒤 먼저 선 긋기 연습을 통해 기본기를 다집니다. 그 다음 글자의 모양과 형태를 익히고, 자음과 모음을 정확하게 쓰는 연습을 통해 글씨의 구조를 이해하고, 자음과 모음의 이음새와 글자 간의 균형을 맞추는 감각을 기르는 것이 중요합니다. 이러한 과정을 통해 글씨는 더욱 안정감 있고 바르게 표현됩니다.

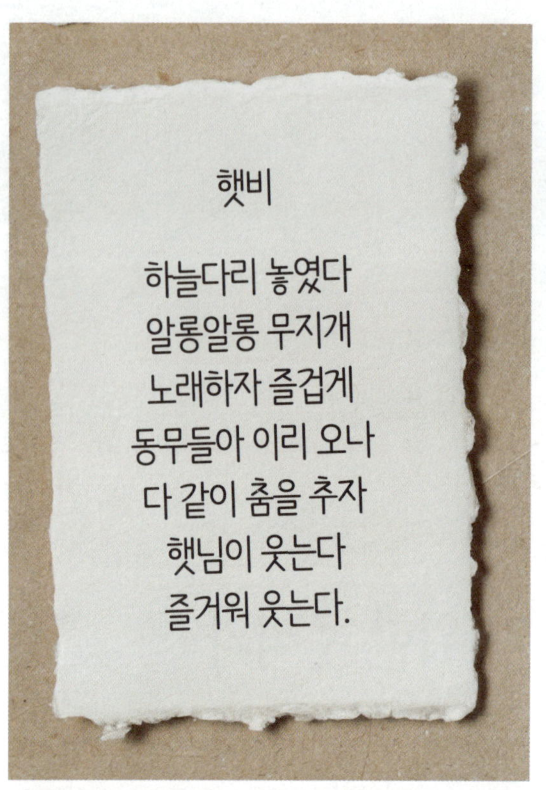
햇비

하늘다리 놓였다
알롱알롱 무지개
노래하자 즐겁게
동무들아 이리 오나
다 같이 춤을 추자
햇님이 웃는다
즐거워 웃는다.

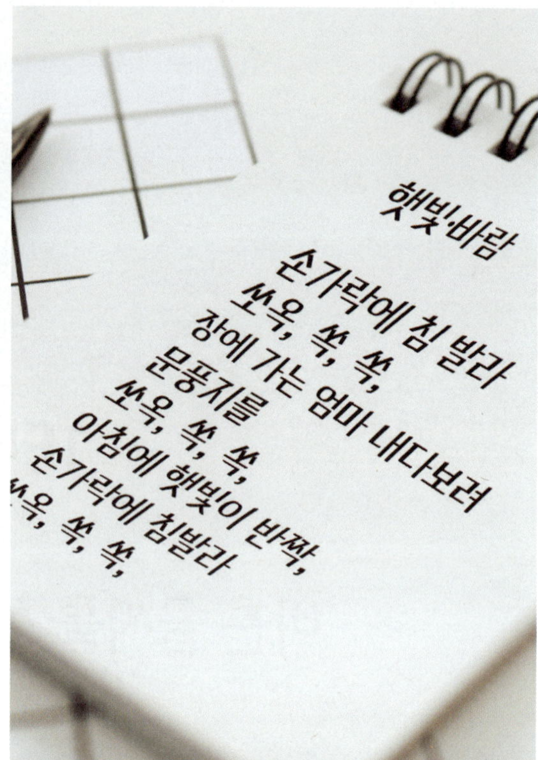
햇빛·바람

손가락에 침 발라
쏘옥, 쏙, 쏙,
장에 가는 엄마 내다보려
문풍지를
쏘옥, 쏙, 쏙,
아침에 햇빛이 반짝,
손가락에 침 발라
쏘옥, 쏙, 쏙,

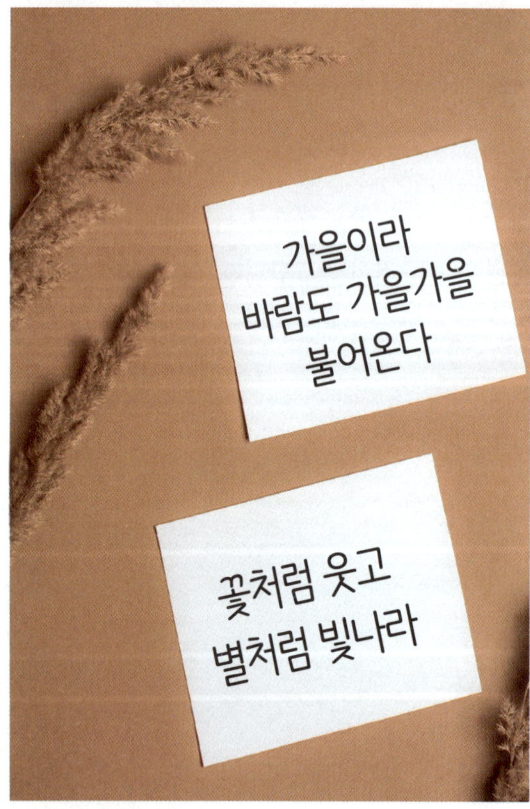
가을이라
바람도 가을가을
불어온다

꽃처럼 웃고
별처럼 빛나라

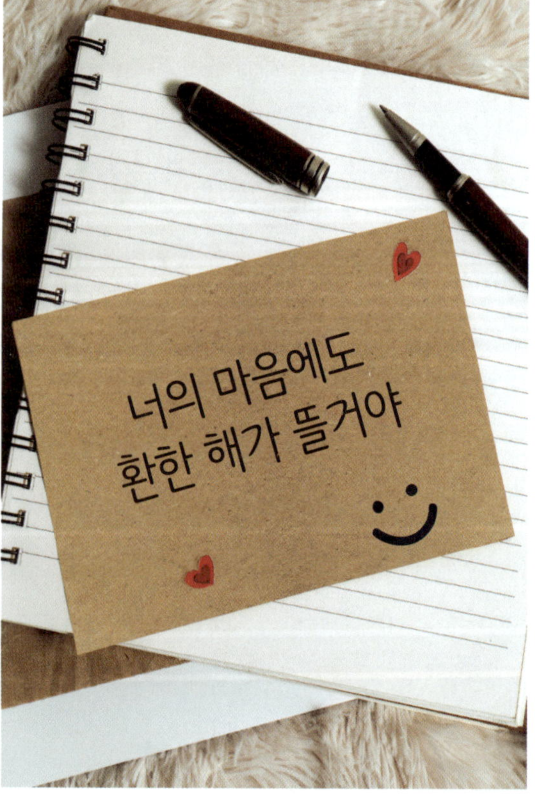
너의 마음에도
환한 해가 뜰거야

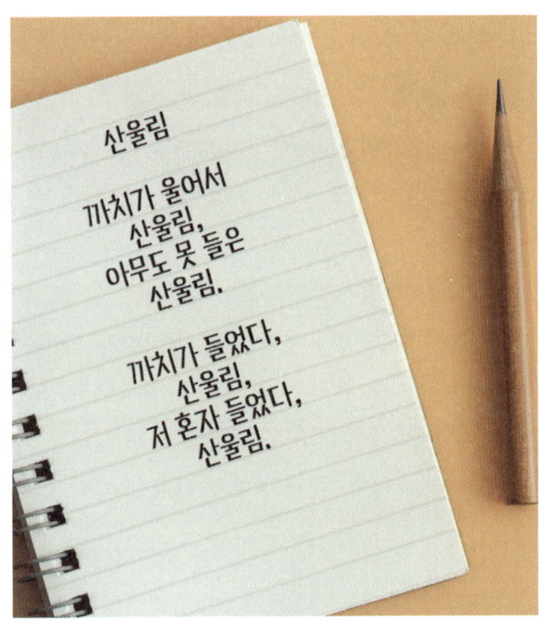

산울림

까치가 울어서
산울림,
아무도 못 들은
산울림.

까치가 들었다,
산울림,
저 혼자 들었다,
산울림.

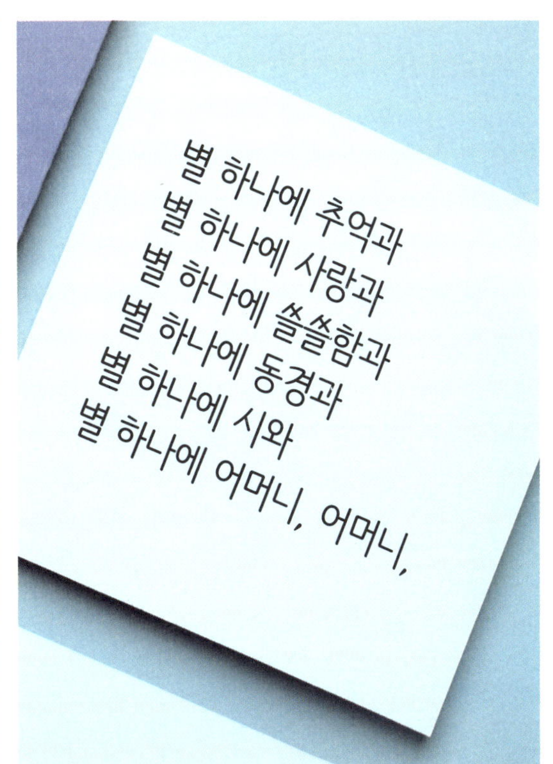

별 하나에 추억과
별 하나에 사랑과
별 하나에 쓸쓸함과
별 하나에 동경과
별 하나에 시와
별 하나에 어머니, 어머니,

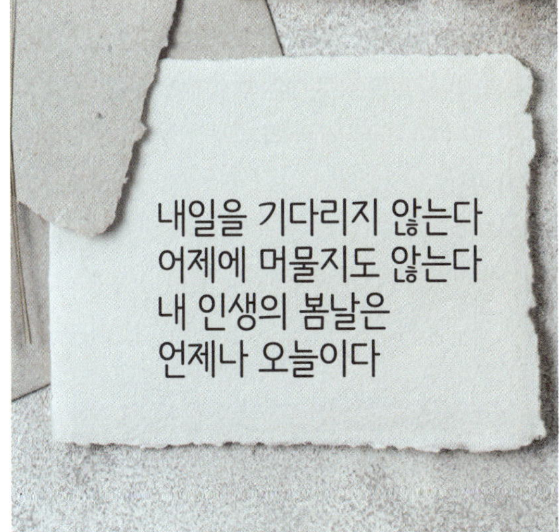

내일을 기다리지 않는다
어제에 머물지도 않는다
내 인생의 봄날은
언제나 오늘이다

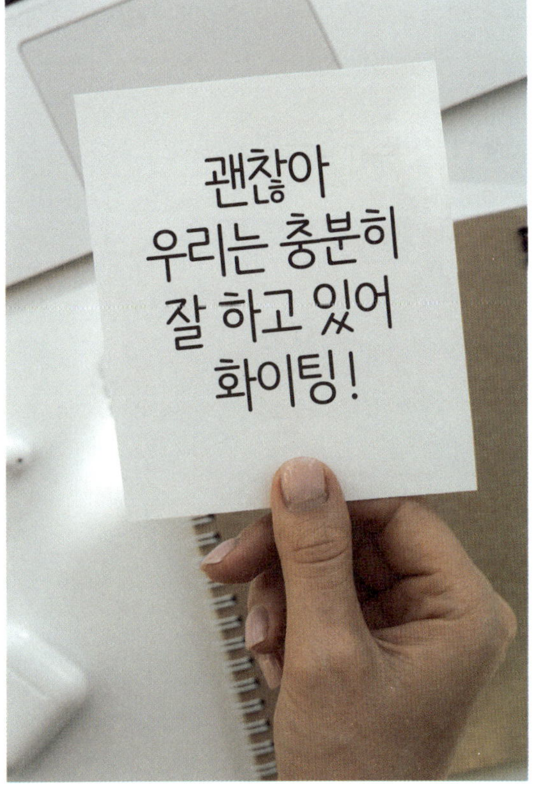

괜찮아
우리는 충분히
잘 하고 있어
화이팅!

수고 했어   고마워

안녕하세요   모든 것이
                      소중해
좋은 일
      행복한 일   달달하다

          감동

바른 글씨 쓰기 준비

맨 먼저 바른 글씨를 쓰기 위한 준비를 합니다. 아무리 잘 쓰려 해도 글씨가 산만하고 정리가 안되서 자신이 쓴 글씨도 알아보기 어렵다면 정말 난감한 마음일 것입니다.

가장 기본은 필기구(연필)를 바로 잡는 것입니다.

연필을 잡을 때는 엄지와 검지, 중지를 사용합니다. 연필은 깎인 부분에서 손톱 너비만큼 떨어진 부분을 엄지와 검지로 살짝 잡고, 중지로 아래를 받쳐 안정감을 줍니다. 손 전체가 안정적으로 움직이도록 약지와 새끼손가락은 자연스럽게 구부려 종이 위에 올려 놓습니다. 손에 편안하게 닿도록 약 45도 각도로 기울여 잡아 손에 힘을 빼고 부드럽게 글씨를 써 보세요. 필기할 때 손이 편안해야 글씨도 자연스럽고 예쁘게 나옵니다.

그럼 오늘부터 연습해 볼까요?

손을 너무 꽉 쥐어 힘이 들어간 모양으로 연필을 잡거나 너무 수직으로 세우지 말고, 손가락 전체를 모아 잡는 것, 또는 엄지와 검지가 연필 끝에 너무 가깝거나 멀게 잡는 것, 중지로 받치지 않고 두 손가락만 사용하여 잡는 것, 약지와 새끼손가락을 공중에 띄우며 잡는 것은 바르지 못한 방법이니 연필을 바르게 잡을 수 있는 습관을 들일 수 있도록 연습하세요.

◆ 연필 바르게 잡은 법

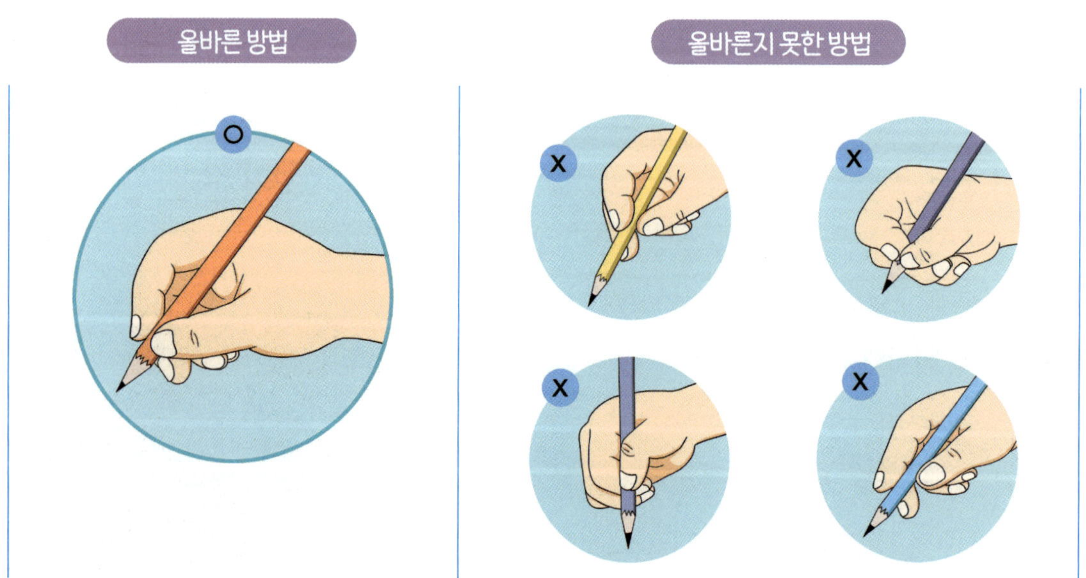

가로 세로선, 사선, 곡선, 도형 그리기

예쁜 글씨는 선을 정확하게 그리는 것부터 시작합니다. 그림을 그릴 때 선 연습을 하듯, 단어나 문장을 쓰기 전에 연필을 살짝 눌러 힘을 빼고 선을 반복해서 긋는 연습을 하면 손의 힘 조절과 필기 감각이 좋아져 글씨 균형이 맞고 선 떨림이 줄어듭니다. 도형도 일정한 간격으로 반복해서 반듯하게 그리는 연습을 해 보세요. 선만 반듯해도 깔끔한 글씨를 쓸 수 있습니다.

자음과 모음 쓰기

자음과 모음은 한글의 기본 단위로 둘을 합하여 하나의 글자를 이루며, 단어를 구성하는 핵심 역할을 합니다. 먼저 자음과 모음을 익히고, 획순(쓰기 순서)을 지켜 차근차근 반듯하게 글씨를 써보세요. 획순을 알고 연습하면 글씨를 더 바르고 예쁘게 쓸 수 있습니다.

◆ 자음

◆ 모음

한글을 쓰는 순서

★ 자음을 먼저 쓴 후 모음을 쓰고 그 다음 받침을 씁니다.

각 = ㄱ ▶ 가 ▶ 각

밭 = ㅂ ▶ 바 ▶ 밭

★ 왼쪽을 먼저 쓴 후 오른쪽을 씁니다.

앉 = ㅇ ▶ 아 ▶ 안 ▶ 앉

패 = ㅍ ▶ 파 ▶ 패

★ 위쪽을 먼저 쓴 후 아래쪽을 씁니다.

꿈 = ㄱ ▶ ㄲ ▶ 꾸 ▶ 꿈

한글의 기본 모양

한글의 기본 모양은 한글이 만들어질 때의 자음과 모음의 기본 형태를 말하며 한글의 기본 모양은 아래와 같이 ◁, △, ◇, □ 등이 있습니다.

◁형태: 가로형 모음 ㅏ, ㅑ, ㅓ, ㅕ, ㅣ 앞에 자음이 있고 받침 없는 글꼴입니다.

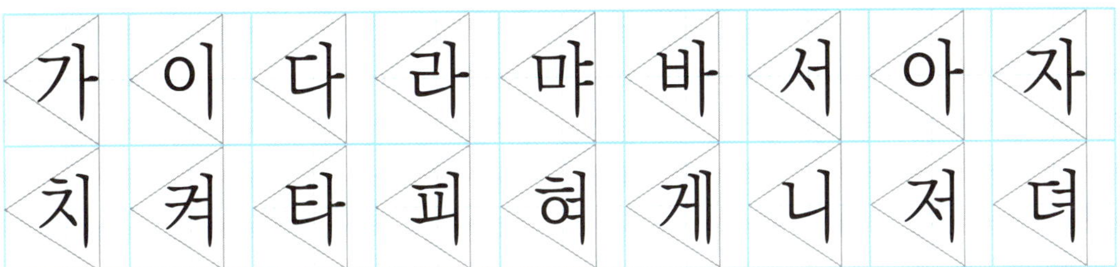

△형태: 세로형 모음 ㅗ, ㅛ, ㅡ 위에 자음이 있고 받침 없는 글꼴입니다.

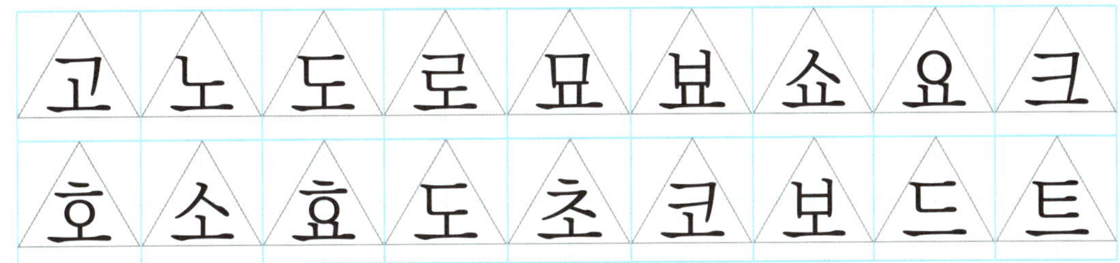

□형태: 가로형 모음 ㅏ, ㅑ, ㅓ, ㅕ, ㅣ 아래에 받침이 있는 글꼴입니다. 받침은 모음 앞에 나오는 첫 번째 자음보다 조금 작게 씁니다.

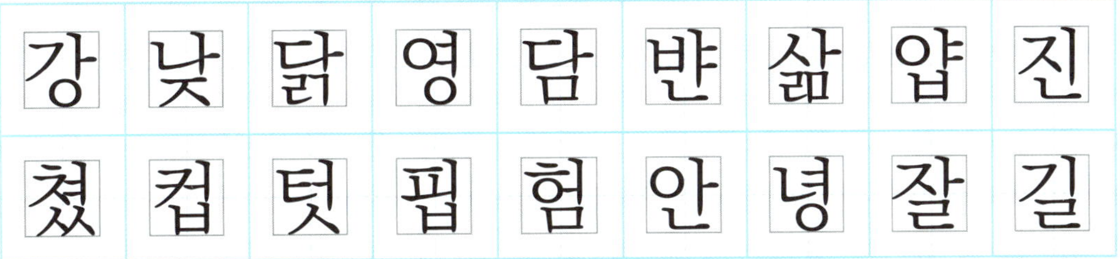

◇형태: 세로형 모음 ㅜ, ㅠ, ㅜ, ㅠ, ㅡ 아래에 받침이 있는 글꼴입니다. 받침은 모음 위에 나오는 첫 번째 자음과 거의 같은 크기로 씁니다.

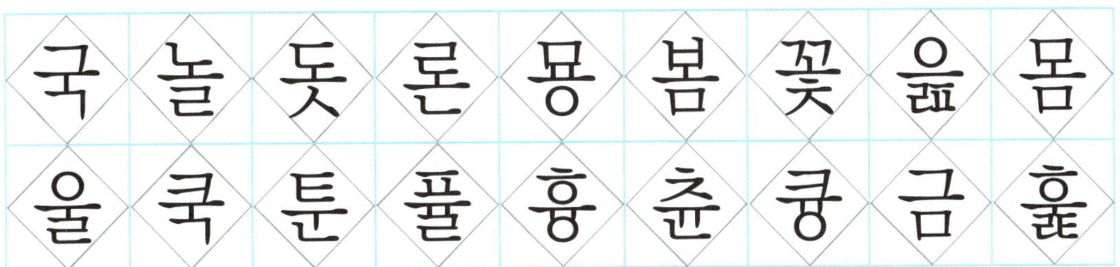

글씨 이음새 균형 맞춰 쓰기

자음과 모음의 간격을 자연스럽게 이어지도록 잘 맞춰 획의 굵기와 방향을 조절하면 들쭉날쭉하지 않고 글자의 형태가 안정적이며 흐름이 매끄러워집니다. 반면에 이음새가 부자연스러우면 글씨가 끊겨 보이거나 기울어져 읽기 불편하고 정돈되지 않은 인상을 주니, 간격을 신경 쓰면서 연습해 보세요.

◆ 자음

가	가	가								
나	나	나								
다	다	다								
라	라	라								
마	마	마								
바	바	바								
사	사	사								
아	아	아								
자	자	자								
차	차	차								
카	카	카								
타	타	타								
파	파	파								
하	하	하								

아	아	러
야	려	려
어	마	마
여	여	여
오	오	오
요	요	요
우	우	우
유	유	유
으	으	으
이	이	이
애	애	애
얘	얘	얘
에	에	에
예	예	예
와	와	와
왜	왜	왜

◆ 모음

외	외	외							
워	워	워							
웨	웨	웨							
위	위	위							
의	의	의							

가게	가게				
각성	각성				
나비	나비				
낙엽	낙엽				
다리	다리				
달걀	달걀				
라면	라면				
러닝	러닝				
마늘	마늘				
무늬	무늬				
비밀	비밀				
박자	박자				
사회	사회				
사랑	사랑				
아트	아트				
안심	안심				

자연	자연				
장난	장난				
차례	차례				
책상	책상				
카페	카페				
콩물	콩물				
타조	타조				
택시	택시				
파도	파도				
풍선	풍선				
하늘	하늘				
한국	한국				
아들	아들				
악어	악어				
야채	야채				
양말	양말				
어휘	어휘				

언어	언어				
여유	여유				
연못	연못				
오후	오후				
온천	온천				
요리	요리				
용기	용기				
우표	우표				
운전	운전				
유행	유행				
윤리	윤리				
은혜	은혜				
응답	응답				
애기	애기				
애국	애국				
얘기	얘기				
얘들	얘들				

에어	에어				
엔진	엔진				
예의	예의				
옛터	옛터				
와해	와해				
왕비	왕비				
왜곡	왜곡				
왠지	왠지				
외모	외모				
왼쪽	왼쪽				
워터	워터				
원고	원고				
웨딩	웨딩				
웹툰	웹툰				
위치	위치				
윙크	윙크				
의미	의미				

의복	의복				
기차	기차				
나중	나중				
달님	달님				
런던	런던				
마침	마침				
박하	박하				
상상	상상				

받침 없는 가로 모음 글자

자음과 모음을 좌우로 나란히 배열한, 받침이 없는 가로 글자를 차례로 칸 중앙에 배치해 써 보세요.
가로형 모음 ㅏ, ㅑ, ㅓ, ㅕ, ㅣ 앞에 자음이 있고, 받침이 없는 글자입니다.

가	가	가							
야	야	야							
거	거	거							
겨	겨	겨							
나	나	나							
냐	냐	냐							
너	너	너							
녀	녀	녀							
다	다	다							
댜	댜	댜							
더	더	더							
뎌	뎌	뎌							
라	라	라							
랴	랴	랴							

러 러 러

려 려 려

마 마 마

먀 먀 먀

머 머 머

며 며 며

바 바 바

뱌 뱌 뱌

버 버 버

벼 벼 벼

사 사 사

샤 샤 샤

서 서 서

셔 셔 셔

아 아 아

야 야 야

어 어 어

여	여	여										
자	자	자										
쟈	쟈	쟈										
저	저	저										
져	져	져										
차	차	차										
챠	챠	챠										
처	처	처										
쳐	쳐	쳐										
카	카	카										
캬	캬	캬										
커	커	커										
켜	켜	켜										
타	타	타										
탸	탸	탸										
터	터	터										
텨	텨	텨										

파	파	파						
퍼	퍼	퍼						
펴	펴	펴						
하	하	하						
야	야	야						
허	허	허						

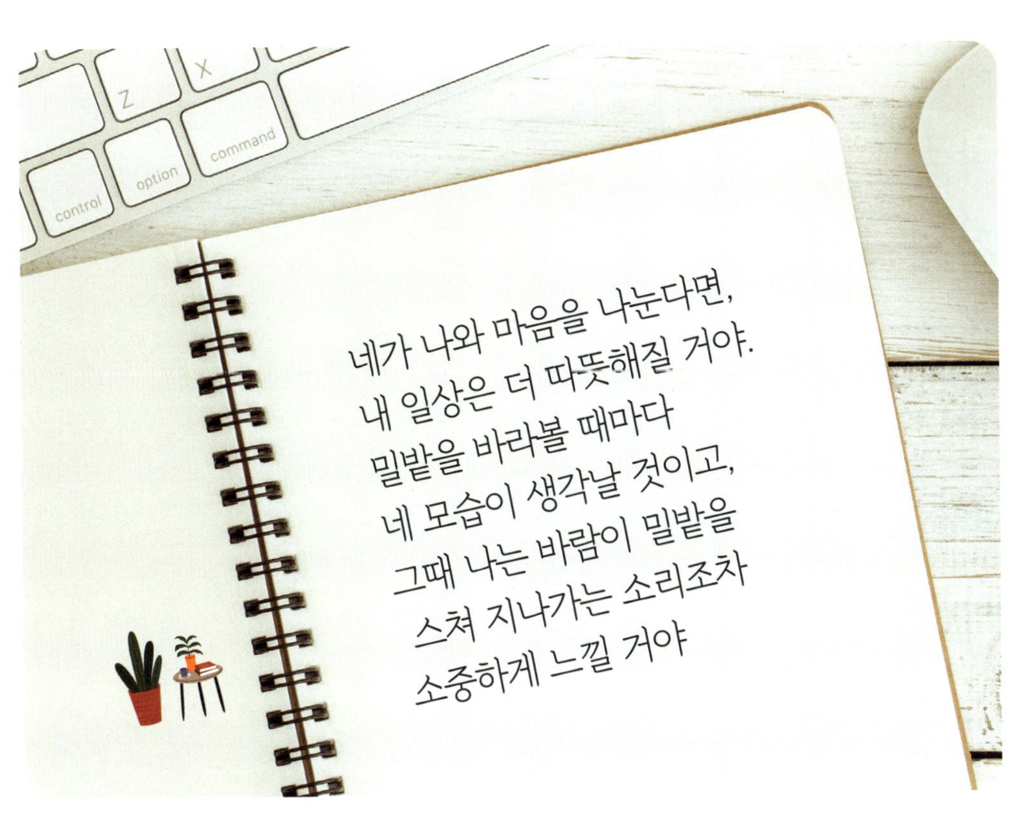

◆ 단어 연습

가위	가위				
갸우	갸우				
거리	거리				
겨레	겨레				
나이	나이				
나비	나비				
냐하	냐하				
너울	너울				
다짐	다짐				
더위	더위				
대추	대추				
데모	데모				
라디오	라디오				
랴랴	랴랴				
러브	러브				
레일	레일				

마디	마디				
먀먀	먀먀				
매미	매미				
머리	머리				
며느리	며느리				
바다	바다				
뱌뱌	뱌뱌				
비누	비누				
버스	버스				
벼루	벼루				
사과	사과				
샤워	샤워				
서류	서류				
세계	세계				
셔츠	셔츠				
아이	아이				
야구	야구				

어부	어부				
여자	여자				
자라	자라				
자녀	자녀				
저지	저지				
지도	지도				
져지	져지				
차이	차이				
챠밍	챠밍				
처가	처가				
처리	처리				
카트	카트				
갸르	갸르				
커피	커피				
켜다	켜다				
타조	타조				
탸탸	탸탸				

터치	터치				
텨텨	텨텨				
파리	파리				
퍼즐	퍼즐				
피자	피자				
펴다	펴다				
하나	하나				
하루	하루				
햐하	햐하				
허리	허리				

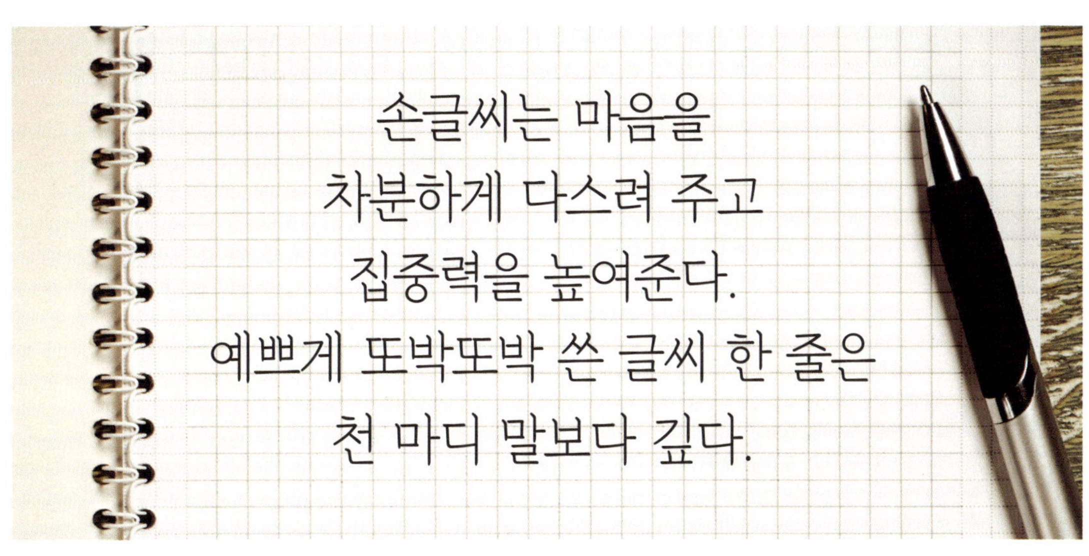

받침 없는 세로 모음 글자

자음과 모음을 상하로 배열한, 받침이 없는 세로 글자를 차례로 칸 중앙에 배치해 써 보세요. 세로형 모음 ㅗ, ㅛ, ㅜ 위에 자음이 있고, 받침이 없는 글자입니다.

고	고	고							
교	교	교							
구	구	구							
규	규	규							
그	그	그							
노	노	노							
뇨	뇨	뇨							
누	누	누							
뉴	뉴	뉴							
느	느	느							
도	도	도							
됴	됴	됴							
두	두	두							
듀	듀	듀							

드	드	드									
로	로	로									
료	료	료									
루	루	루									
류	류	류									
르	르	르									
모	모	모									
묘	묘	묘									
무	무	무									
뮤	뮤	뮤									
므	므	므									
보	보	보									
부	부	부									
뷰	뷰	뷰									
브	브	브									
소	소	소									
쇼	쇼	쇼									

수 수 수
슈 슈 슈
스 스 스
오 오 오
요 요 요
우 우 우
유 유 유
으 으 으
조 조 조
죠 죠 죠
주 주 주
쥬 쥬 쥬
즈 즈 즈
초 초 초
쵸 쵸 쵸
추 추 추
츄 츄 츄

츠	츠	츠										
코	코	코										
쿄	쿄	쿄										
쿠	쿠	쿠										
큐	큐	큐										
크	크	크										
토	토	토										
툐	툐	툐										
투	투	투										
튜	튜	튜										
트	트	트										
포	포	포										
표	표	표										
푸	푸	푸										
퓨	퓨	퓨										
프	프	프										
호	호	호										

효 효 효
후 후 후
휴 휴 휴
흐 흐 흐

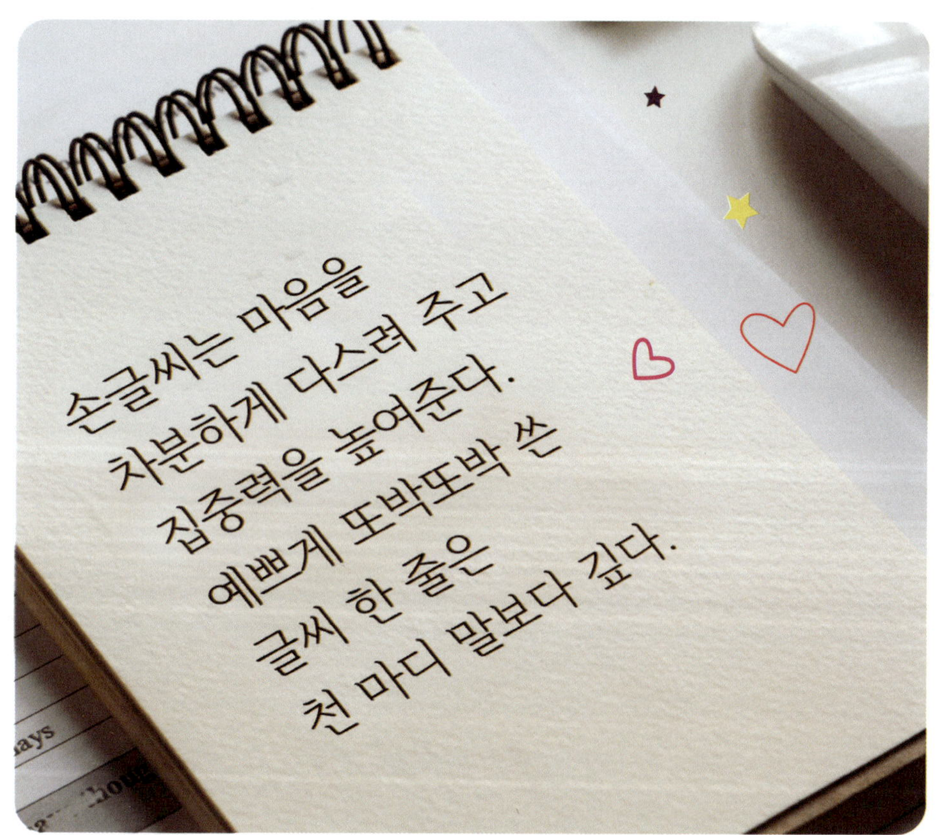

◆ 단어 연습

고기	고기				
교사	교사				
구두	구두				
규모	규모				
노래	노래				
누구	누구				
뉴스	뉴스				
느티	느티				
도시	도시				
도서	도서				
두부	두부				
듀오	듀오				
드라이	드라이				
로고	로고				
루비	루비				
루트	루트				

르포	르포				
모자	모자				
모기	모기				
묘지	묘지				
무지	무지				
보라	보라				
부자	부자				
뷰어	뷰어				
브이	브이				
소리	소리				
쇼트	쇼트				
수저	수저				
슈즈	슈즈				
스키	스키				
오이	오이				
요트	요트				
유리	유리				

으리	으리				
조기	조기				
죠스	죠스				
쥬스	쥬스				
초코	초코				
추위	추위				
츄츄	츄츄				
코지	코지				
쿠키	쿠키				
큐브	큐브				
크기	크기				
토대	토대				
투표	투표				
튜브	튜브				
트리	트리				
포수	포수				
표지	표지				

푸드	푸드			
퓨어	퓨어			
프리	프리			
호수	호수			
호두	호두			
효도	효도			
후기	후기			
휴가	휴가			
흐르르	흐르르			

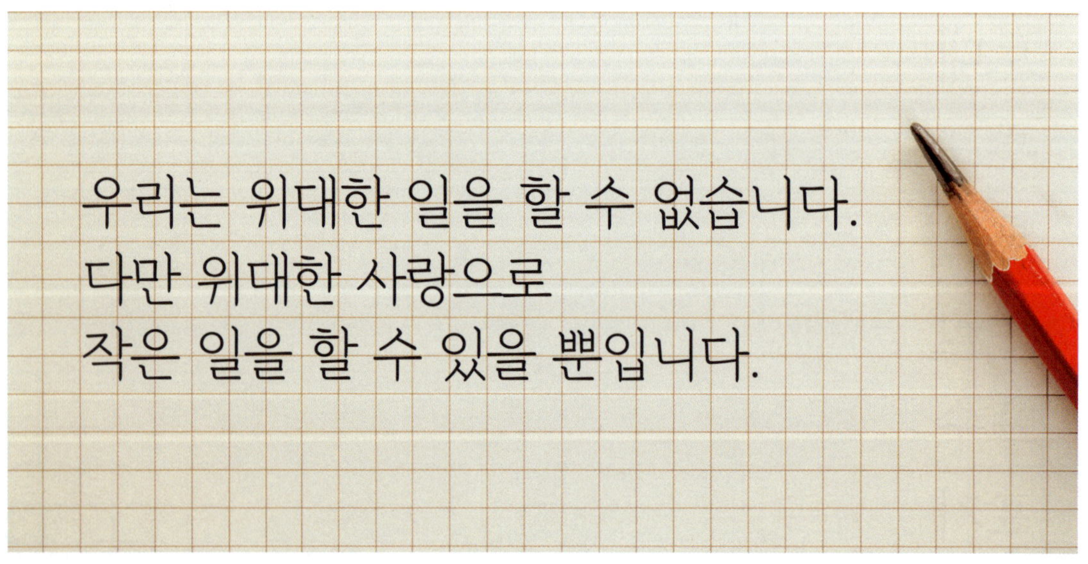

받침 있는 가로 모음 글자

자음과 모음을 좌우로 나란히 배열한, 받침이 있는 가로 글자를 차례로 칸 중앙에 배치해 써 보세요.
가로형 모음 ㅏ, ㅑ, ㅓ, ㅕ, ㅣ 아래에 받침이 있는 글자입니다. 받침은 모음 앞에 나오는 첫 번째 자음보다 조금 작게 씁니다.

강	강	강					
걀	걀	걀					
걱	걱	걱					
겹	겹	겹					
날	날	날					
냥	냥	냥					
넌	넌	넌					
녇	녇	녇					
당	당	당					
댤	댤	댤					
덩	덩	덩					
덜	덜	덜					
락	락	락					
량	량	량					

렁	렁	렁										
렸	렸	렸										
말	말	말										
맙	맙	맙										
멍	멍	멍										
면	면	면										
발	발	발										
박	박	박										
법	법	법										
별	별	별										
상	상	상										
삭	삭	삭										
성	성	성										
셨	셨	셨										
았	았	았										
않	않	않										
얼	얼	얼										

였
작
장
정
졌
착
챨
청
쳤
캉
캭
컹
켰
탈
탑
텅
털

판	판	판										
퍽	퍽	퍽										
평	평	평										
한	한	한										
향	향	향										
험	험	험										
현	현	현										

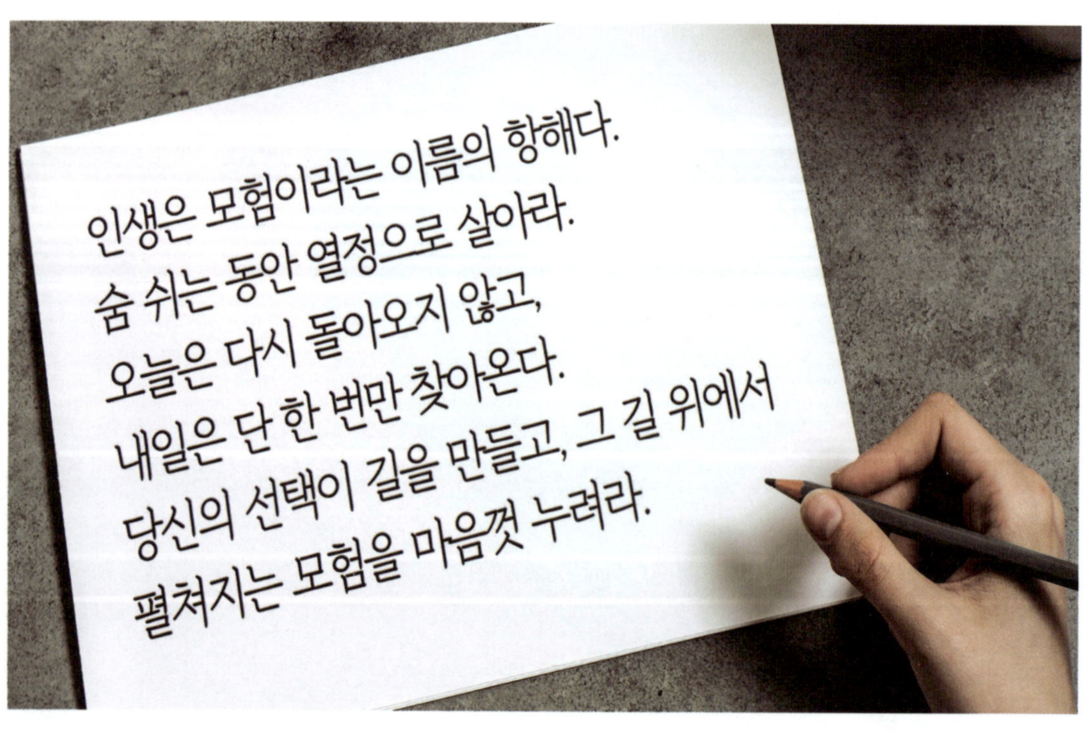

강산	강산				
감정	감정				
걱정	걱정				
겹눈	겹눈				
낙엽	낙엽				
날개	날개				
냥이	냥이				
넌센스	넌센스				
당근	당근				
달빛	달빛				
단풍	단풍				
덩치	덩치				
락스	락스				
랑카	랑카				
리듬	리듬				
레몬	레몬				

말투	말투				
멍이	멍이				
면박	면박				
맛집	맛집				
발상	발상				
밤길	밤길				
법관	법관				
별빛	별빛				
상장	상장				
삭제	삭제				
성실	성실				
샘물	샘물				
아침	아침				
약국	약국				
얼굴	얼굴				
역사	역사				
작가	작가				

장미	장미				
정원	정원				
전철	전철				
쟁반	쟁반				
착용	착용				
찬성	찬성				
창문	창문				
청소	청소				
철문	철문				
칼라	칼라				
컴맹	컴맹				
캔디	캔디				
캥거루	캥거루				
탈출	탈출				
탕약	탕약				
텃밭	텃밭				
탑승	탑승				

털실	털실				
판사	판사				
편지	편지				
평화	평화				
팬시	팬시				
한과	한과				
향수	향수				
험담	험담				
현미	현미				
행복	행복				

너무 편안한 삶은 생각의 불꽃을 꺼뜨리고
발걸음을 멈추게 하며, 다가오는 기회를
가로막아 결국 성장을 잃게 만든다.
편안함의 껍질을 깨뜨려라.

받침 있는 세로 모음 글자

자음과 모음을 상하로 배열한, 받침이 있는 세로 글자를 차례로 칸 중앙에 배치해 써 보세요.
세로형 모음 ㅗ, ㅛ, ㅜ, ㅠ, ㅡ 아래에 받침이 있는 글자입니다. 받침은 모음 위에 나오는 첫 번째 자음과 거의 같은 크기로 씁니다.

공	공	공								
곳	곳	곳								
국	국	국								
균	균	균								
긍	긍	긍								
농	농	농								
녹	녹	녹								
눕	눕	눕								
눈	눈	눈								
능	능	능								
동	동	동								
돕	돕	돕								
둥	둥	둥								
둘	둘	둘								

득	득	득											
롭	롭	롭											
룡	룡	룡											
룰	룰	룰											
륜	륜	륜											
른	른	른											
몹	몹	몹											
못	못	못											
뭉	뭉	뭉											
뮨	뮨	뮨											
믄	믄	믄											
봉	봉	봉											
북	북	북											
뷸	뷸	뷸											
븐	븐	븐											
송	송	송											
속	속	속											

순
술
승
옵
욕
운
웅
읍
종
좋
준
중
증
총
촉
충
축

층	층	층									
콩	콩	콩									
콕	콕	콕									
쿵	쿵	쿵									
쿨	쿨	쿨									
큰	큰	큰									
통	통	통									
톱	톱	톱									
퉁	퉁	퉁									
툴	툴	툴									
특	특	특									
퐁	퐁	퐁									
풋	풋	풋									
풀	풀	풀									
품	품	품									
홍	홍	홍									
흉	흉	흉									

흥　흥　흥

빵　빵　빵

덩　덩　덩

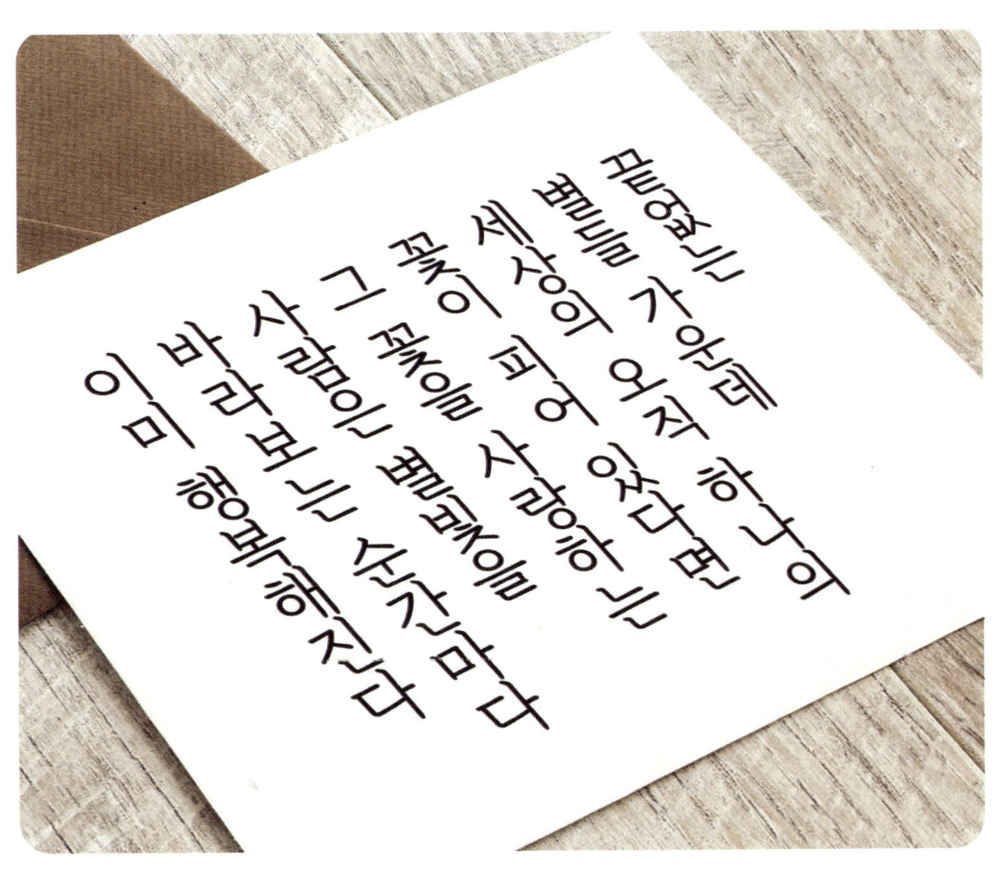

공연	공연				
곡물	곡물				
곳간	곳간				
국민	국민				
균형	균형				
긍정	긍정				
농담	농담				
넝쿨	넝쿨				
녹색	녹색				
누나	누나				
눈치	눈치				
동물	동물				
돕기	돕기				
둥실	둥실				
둘레	둘레				
득점	득점				

롱티	롱티				
록펠러	록펠러				
롤러	롤러				
룰북	룰북				
로봇	로봇				
몹시	몹시				
못질	못질				
뭉치	뭉치				
문제	문제				
묵상	묵상				
봉투	봉투				
봄비	봄비				
복사	복사				
북방	북방				
불빛	불빛				
붕어	붕어				
송달	송달				

속도	속도				
순대	순대				
술래	술래				
쟁반	쟁반				
착용	착용				
찬성	찬성				
콩국	콩국				
콕콕	콕콕				
쿵쾅	쿵쾅				
쿨링	쿨링				
큰집	큰집				
통장	통장				
톱니	톱니				
퉁소	퉁소				
툴바	툴바				
특권	특권				
포장	포장				

퐁당	퐁당				
푯대	푯대				
풀밭	풀밭				
품성	품성				
홍시	홍시				
흉년	흉년				
훈장	훈장				
훌라	훌라				
흥부	흥부				

겹받침(종성 자음) 글자 쓰기

한글 겹받침은 두 개의 자음이 결합해 하나의 받침으로 쓰이는 현상을 말하며, 총 11개의 겹받침(ㄳ, ㄵ, ㄶ, ㄺ, ㄻ, ㄼ, ㄽ, ㄾ, ㄿ, ㅀ, ㅄ)이 있습니다.
쌍받침(ㄲ, ㅆ)은 겹받침이 아니며, 같은 자음이 두 번 겹쳐진 형태입니다.

닭	닭	닭
삯	삯	삯
었	었	었
않	않	않
읽	읽	읽
옮	옮	옮
숯	숯	숯
옳	옳	옳
둟	둟	둟
없	없	없
흙	흙	흙
넓	넓	넓
곯	곯	곯
많	많	많

닭달	닭달				
삯꾼	삯꾼				
얹기	얹기				
앉기	앉기				
읽기	읽기				
옮김	옮김				
숤다	숤다				
옳소	옳소				
뚫다	뚫다				
없다	없다				
흙표	흙표				
넓이	넓이				
곯다	곯다				
많다	많다				
읊다	읊다				
밝다	밝다				

늙다	늙다				
젊다	젊다				
붉다	붉다				
앉다	앉다				
얇다	얇다				
여덟	여덟				
넋이	넋이				
값이	값이				
젊다	젊다				
밟다	밟다				
외곬	외곬				
삶	삶				
뭇	뭇				
싫다	싫다				
핥다	핥다				
닭장	닭장				
닮다	닮다				

쌍자음 글자 쓰기

같은 자음이 두 번 겹쳐진 형태로 ㄲ, ㄸ, ㅃ, ㅆ, ㅉ를 말하며, 소리가 더 강하고 짧게 나는 자음입니다.
한 개 자음 크기에 두 개를 나누어 기준선을 칸 중심으로 글자의 위치를 맞춰 씁니다.

까	까	까							
깎	깎	깎							
꾸	꾸	꾸							
꿈	꿈	꿈							
끄	끄	끄							
끙	끙	끙							
따	따	따							
딱	딱	딱							
땀	땀	땀							
똥	똥	똥							
뚜	뚜	뚜							
뜨	뜨	뜨							
빠	빠	빠							
뽀	뽀	뽀							

뽕 뽕 뽕
뿌 뿌 뿌
뿡 뿡 뿡
쁘 쁘 쁘
싸 싸 싸
쌀 쌀 쌀
써 써 써
쏘 쏘 쏘
쐈 쐈 쐈
쑤 쑤 쑤
쓰 쓰 쓰
짜 짜 짜
짝 짝 짝
쪽 쪽 쪽
쭈 쭈 쭈
쫌 쫌 쫌
찌 찌 찌

까치	까치				
까닭	까닭				
까만	까만				
까꿍	까꿍				
깎지	깎다				
깎기	깎기				
꾸벅	꾸벅				
꾸밈	꾸밈				
꾸불	꾸불				
꿈결	꿈결				
꿈길	꿈길				
껌통	껌통				
끄덕	끄덕				
끙끙	끙끙				
따개	따개				
딱지	딱지				

땀샘	땀샘				
똥글	똥글				
똥개	똥개				
뚜벅	뚜벅				
뚜껑	뚜껑				
뜨락	뜨락				
뜨끈	뜨끈				
빨리	빨리				
뽀뽀	뽀뽀				
뽕잎	뽕잎				
뿌리	뿌리				
뿡뿡	뿡뿡				
쁘띠	쁘띠				
싸움	싸움				
쌀빵	쌀빵				
썰매	썰매				
쏘욱	쏘욱				

쐈	쐈				
쑤욱	쑤욱				
쓰담	쓰담				
짜임	짜임				
짝꿍	짝꿍				
쪽지	쪽지				
쭈뼛	쭈뼛				
쭉쭉	쭉쭉				
반쯤	반쯤				
꼬마	꼬마				
꿀잠	꿀잠				
뛰뛰	뛰뛰				
빵빵	빵빵				
떡살	떡살				
쩝쩝	쩝쩝				
쑥떡	쑥떡				
씨앗	씨앗				

자주 쓰이는 한글 교육용 392자 쓰기

한글 교육에서 가장 기본이 되는 392자는 '현대 한글 자모(24자)'와 '옛 자모(한글 창제 당시 67자)'가 아니라, 표준 한글 낱자(초성 19자 + 중성 21자 + 종성 28자)로 조합해 만들어지는 기초 음절 392개를 말합니다. 한글 교육에서 자주 활용되는 기초 글자입니다.

가	가					강	강				
갸	갸					걀	걀				
거	거					격	격				
겨	겨					겹	겹				
고	고					공	공				
교	교					곳	곳				
구	구					국	국				
규	규					균	균				
그	그					긍	긍				
기	기					길	길				
과	과					관	관				
괴	괴					굉	굉				
궈	궈					권	권				
귀	귀					귓	귓				

나 나　　날 날
냐 냐　　냥 냥
너 너　　넌 넌
녀 녀　　년 년
노 노　　농 농
뇨 뇨　　녹 녹
누 누　　눕 눕
뉴 뉴　　눈 눈
느 느　　능 능
니 니　　닐 닐
놔 놔　　났 났
뇌 뇌　　뇐 뇐
눠 눠　　눴 눴
뉘 뉘　　뉜 뉜
다 다　　당 당
댜 댜　　댤 댤
더 더　　덩 덩

뎌 덜
도 동
됴 돕
두 둥
듀 둘
드 득
디 딜
돼 됐
되 된
둬 뒀
뒤 뒷
라 락
랴 량
러 렁
려 렸
로 롭
료 룡

루 루
류 류
르 르
리 리
래 래
례 례
뢰 뢰
뤄 뤄
마 마
먀 먀
머 머
며 며
모 모
묘 묘
무 무
뮤 뮤
므 므

룰 룰
륜 륜
른 른
립 립
랜 랜
랬 랬
뢴 뢴
뤘 뤘
말 말
맙 맙
멍 멍
면 면
몹 몹
못 못
뭉 뭉
뮨 뮨
믄 믄

미 미
뫼 뫼
뭐 뭐
매 매
메 메
바 바
뱌 뱌
버 버
벼 벼
보 보
부 부
뷰 뷰
브 브
비 비
봐 봐
뵈 뵈
배 배

민 민
못 못
뭔 뭔
맬 맬
맵 맵
발 발
박 박
법 법
별 별
봉 봉
북 북
뷸 뷸
븐 븐
빌 빌
봤 봤
뵙 뵙
백 백

베
뵤
사
샤
서
셔
소
쇼
수
슈
스
시
새
세
쇠
쉬
아

벨
볼
상
삭
성
셨
송
속
순
술
승
실
생
셋
쇳
쉰
앉

야	야				얗	얗		
어	어				얼	얼		
여	여				였	였		
오	오				옵	옵		
요	요				욕	욕		
우	우				운	운		
유	유				융	융		
으	으				읍	읍		
이	이				있	있		
와	와				왔	왔		
워	워				원	원		
위	위				윗	윗		
에	에				엘	엘		
자	자				작	작		
쟈	쟈				장	장		
저	저				정	정		
져	져				졌	졌		

조
죠
주
쥬
즈
지
재
제
좌
줘
차
챠
처
쳐
초
쵸
추

종
좋
준
중
증
직
쟁
젤
즉
줬
착
찰
청
쳤
총
촉
충

츄	츄					축	축				
츠	츠					층	층				
치	치					칙	칙				
채	채					책	책				
체	체					철	철				
최	최					친	친				
취	취					칠	칠				
카	카					캉	캉				
캬	캬					캭	캭				
커	커					컹	컹				
켜	켜					겼	겼				
코	코					콩	콩				
쿄	쿄					콕	콕				
쿠	쿠					쿵	쿵				
큐	큐					쿨	쿨				
크	크					큰	큰				
키	키					킹	킹				

캐	캐					캔	캔				
케	케					켁	켁				
콰	콰					쾅	쾅				
퀴	퀴					퀸	퀸				
타	타					탈	탈				
탸	탸					탑	탑				
터	터					텅	텅				
텨	텨					털	털				
토	토					통	통				
툐	툐					톱	톱				
투	투					퉁	퉁				
튜	튜					튤	튤				
트	트					특	특				
티	티					틴	틴				
태	태					택	택				
테	테					텔	텔				
퇴	퇴					튕	튕				

튀	튀					튄	튄				
파	파					판	판				
퍼	퍼					퍽	퍽				
펴	펴					평	평				
포	포					퐁	퐁				
표	표					풋	풋				
푸	푸					풀	풀				
퓨	퓨					품	품				
프	프					픈	픈				
피	피					필	필				
패	패					팽	팽				
페	페					펵	펵				
폐	폐					펠	펠				
하	하					한	한				
야	야					향	향				
어	어					험	험				
여	여					현	현				

호
효
후
휴
흐
히
해
혜
화
회
휘
희

홍
흉
훈
휼
흥
힘
행
햄
확
획
환
흰

2단계

방안지에 가로세로쓰기

앞에서 자음과 모음을 쓰며 학습했으니, 이제 짧은 단어부터 시작해 4자 단어, 문장, 속담, 시 문장까지 단계적으로 씁니다.

기준선 없이 무작위로 글씨를 쓰는 습관은 크기와 간격의 불균형을 이루기 쉬우니, 이 책을 보면서 방안지를 활용해 일정한 글자 크기와 줄 간격을 유지하며 정자체로 가로와 세로로 반듯하게 쓰는 연습을 합니다. 연습할 때 가장 중요한 것은 천천히, 반복해서 자주 쓰기, 그리고 보는 연습입니다. 자신의 상황에 맞게 기회를 만들어 자주 연습한다면 생각보다 빠르게 글씨체를 교정할 수 있을 것입니다.

실제의 세상은
상상의 세계보다
훨씬 작다

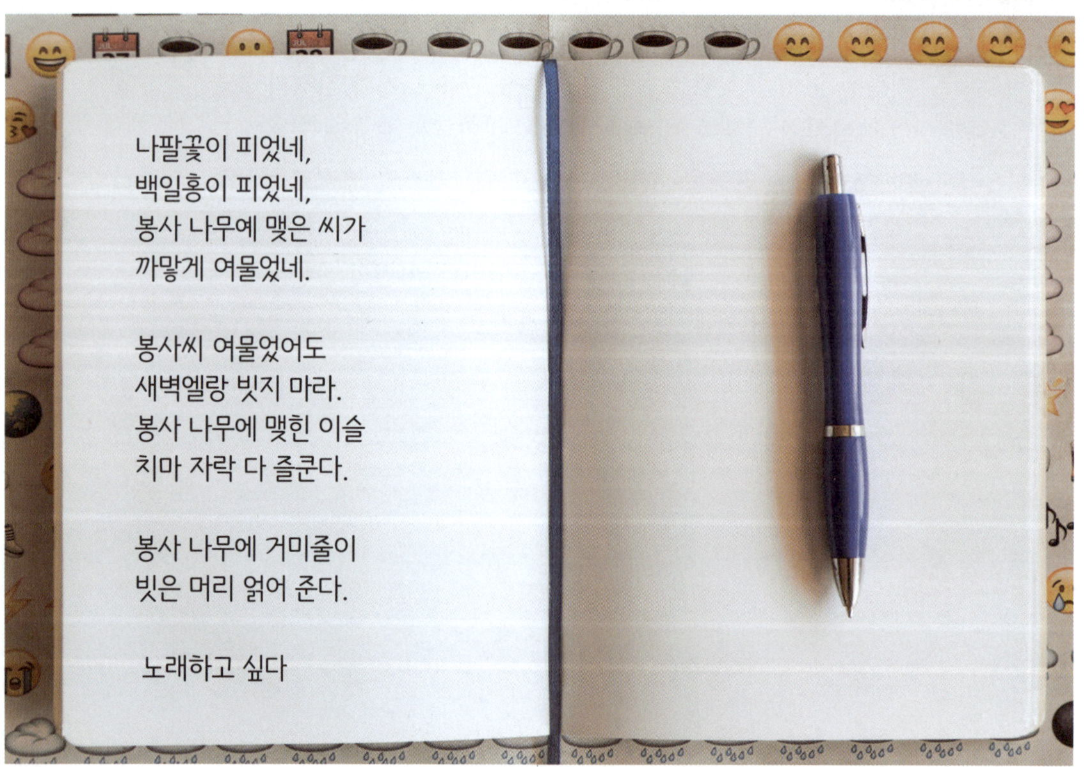

나팔꽃이 피었네,
백일홍이 피었네,
봉사 나무예 맺은 씨가
까맣게 여물었네.

봉사씨 여물었어도
새벽엘랑 빗지 마라.
봉사 나무에 맺힌 이슬
치마 자락 다 즐쿤다.

봉사 나무에 거미줄이
빗은 머리 얽어 준다.

노래하고 싶다

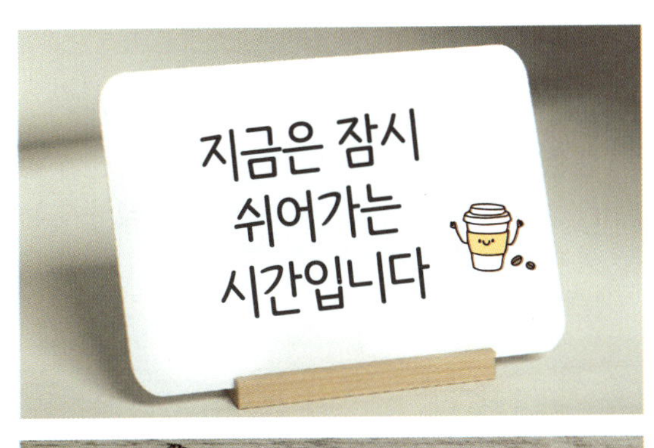

인생은 우리가 매 순간
그려가는 그림이다

너도 잘 할 수 있어

친구에게 마음을 담아 손글씨로 정성껏 쓴 편지나
좋은 글은 세상에 하나뿐인 특별한 선물이 됩니다.

정자체 짧은 단어 가로쓰기

자음과 모음이 결합한 단어 쓰기입니다. 방안지의 기준선 중앙에 맞춰 정자체로 단어를 바르게 또
박또박 가로로 써 보세요. 짧은 단어의 글자 크기와 간격, 기울기, 획의 굵기와 방향을 세심하게 눈
으로 익히며 하나하나 따라 쓰는 방식으로 연습하는 것이 중요합니다.

봄 여름 가을 겨울 사계절

봄 여름 가을 겨울 사계절

우유 커피 토스트 쥬스 김밥

우유 커피 토스트 쥬스 김밥

편지 전화 케이크 장미 기차

편지 전화 케이크 장미 기차

설날 떡국 축하 휴가 신년

설날 떡국 축하 휴가 신년

감사 마음 희망 행복 기쁨

감사 마음 희망 행복 기쁨

공감 경청 소통 겸손 존중

공감 경청 소통 겸손 존중

저녁 아침 점심 간식 후식

저녁 아침 점심 간식 후식

아버지 어머니 오빠 누나 동생

아버지 어머니 오빠 누나 동생

할머니 아저씨 삼촌 고모 이모

할머니 아저씨 삼촌 고모 이모

선물 은혜 설레임 산책 미소

선물 은혜 설레임 산책 미소

미국 중국 한국 일본 영국

미국 중국 한국 일본 영국

단팥빵 찹쌀 송편 인절미 절편

단팥빵 찹쌀 송편 인절미 절편

오곡밥 단호박 팥빙수 청국장

오곡밥 단호박 팥빙수 청국장

주방 거실 침실 화장실 현관

주방 거실 침실 화장실 현관

경기도 전라도 경상도 충청도

경기도 전라도 경상도 충청도

강원도 울릉도 제주도 경주 부산

강원도 울릉도 제주도 경주 부산

설악산 한라산 지리산 백두산

설악산 한라산 지리산 백두산

정자체 4자 단어 가로쓰기

짧은 단어에 이어 4자 단어를 방안지의 기준선 중앙에 맞춰 정자체로 바르게 가로로 써 보세요. 앞에서 배운 원리를 잘 기억하면서 하나하나 따라 쓰는 방식으로 연습합니다. 꾸준히 자주 쓰다 보면 글씨의 획과 간격이 점차 정돈되기 시작할 것입니다.

춘하추동　소탐대실　결초보은

춘하추동　소탐대실　결초보은

유유상종　지기지우　타산지석

유유상종　지기지우　타산지석

빈부귀천　오월동주　오비이락

빈부귀천　오월동주　오비이락

표리부동　안하무인　동병상련

표리부동　안하무인　동병상련

간담상조　형설지공　수어지교

간담상조　형설지공　수어지교

동서고금　부모형제　선견지명

동서고금　부모형제　선견지명

삼삼오오　사방팔방　동문서답

삼삼오오　사방팔방　동문서답

이목구비　일구이언　일석이조

이목구비　일구이언　일석이조

새콤달콤　달보드레　또박또박

새콤달콤　달보드레　또박또박

학교생활　점심시간　텔레비젼

학교생활　점심시간　텔레비젼

낭만주의　연습문제　자기소개

낭만주의　연습문제　자기소개

무당벌레　미꾸라지　홀리데이

무당벌레　미꾸라지　홀리데이

가족회의　아프리카　느티나무

가족회의　아프리카　느티나무

반려동물　할아버지　외할머니

반려동물　할아버지　외할머니

카네이션　해바라기　잠꾸러기

카네이션　해바라기　잠꾸러기

주룩주룩　반짝반짝　살랑살랑

주룩주룩　반짝반짝　살랑살랑

허수아비　미세먼지　사과나무

허수아비　미세먼지　사과나무

정자체 문장 가로쓰기

문장 쓰기는 긴 문장보다는 짧고 감각적인 문장으로 연습하는 것이 효과적입니다. 긴 글이 아닌
짧은 글을 따라 쓰면 교정된 글씨체로 문장을 완성도 있게, 깔끔하고 쉽게 쓸 수 있기 때문입니
다. 문장 단위로 쓰는 연습은 리듬감 있는 필기 습관을 기르는 데도 도움이 됩니다.

굿모닝, 좋은 아침입니다

굿모닝, 좋은 아침입니다

우리 모두 오늘도 화이팅!

우리 모두 오늘도 화이팅!

우리는 당신을 응원합니다

우리는 당신을 응원합니다

도와 주셔서 감사합니다

도와 주셔서 감사합니다

지금 이 순간을 즐겨라

지금 이 순간을 즐겨라

파란하늘에 꽃을 피워라

파란하늘에 꽃을 피워라

우리나라 대한민국!

우리나라 대한민국!

시원한 냉면 드실래요?

시원한 냉면 드실래요?

글씨는 마음을 담는 그릇이다

글씨는 마음을 담는 그릇이다

오늘 하루도 선물같이 살자

오늘 하루도 선물같이 살자

열심히 일한 당신, 최고입니다

열심히 일한 당신, 최고입니다

헤이즐넷 커피향이 아주 좋아요

헤이즐넷 커피향이 아주 좋아요

작은 습관이 큰 변화를 만든다

작은 습관이 큰 변화를 만든다

모든 어른들은 한때 아이였다

모든 어른들은 한때 아이였다

김이 모락모락 납니다

김이 모락모락 납니다

느리게 써야 바르게 보인다

느리게 써야 바르게 보인다

세상에서 가장 빛난 별이 되거라

세상에서 가장 빛난 별이 되거라

정자체로 속담 가로쓰기

속담을 보며 씁니다. 속담을 필사하며 글을 쓰는 것은 글씨체에 감성을 더해 글씨 교정에 적합합니다. 짧고 의미 있는 속담을 활용하면 글씨체를 안정적으로 익히는 데 큰 도움이 되며, 감각적인 연습 방법이 됩니다.

등잔 밑이 어둡다

등잔 밑이 어둡다

가랑비에 옷 젖는 줄 모른다

가랑비에 옷 젖는 줄 모른다

보기 좋은 떡이 먹기도 좋다

보기 좋은 떡이 먹기도 좋다

가는 날이 장날이다

가는 날이 장날이다

원수는 외나무다리에서 만난다

원수는 외나무다리에서 만난다

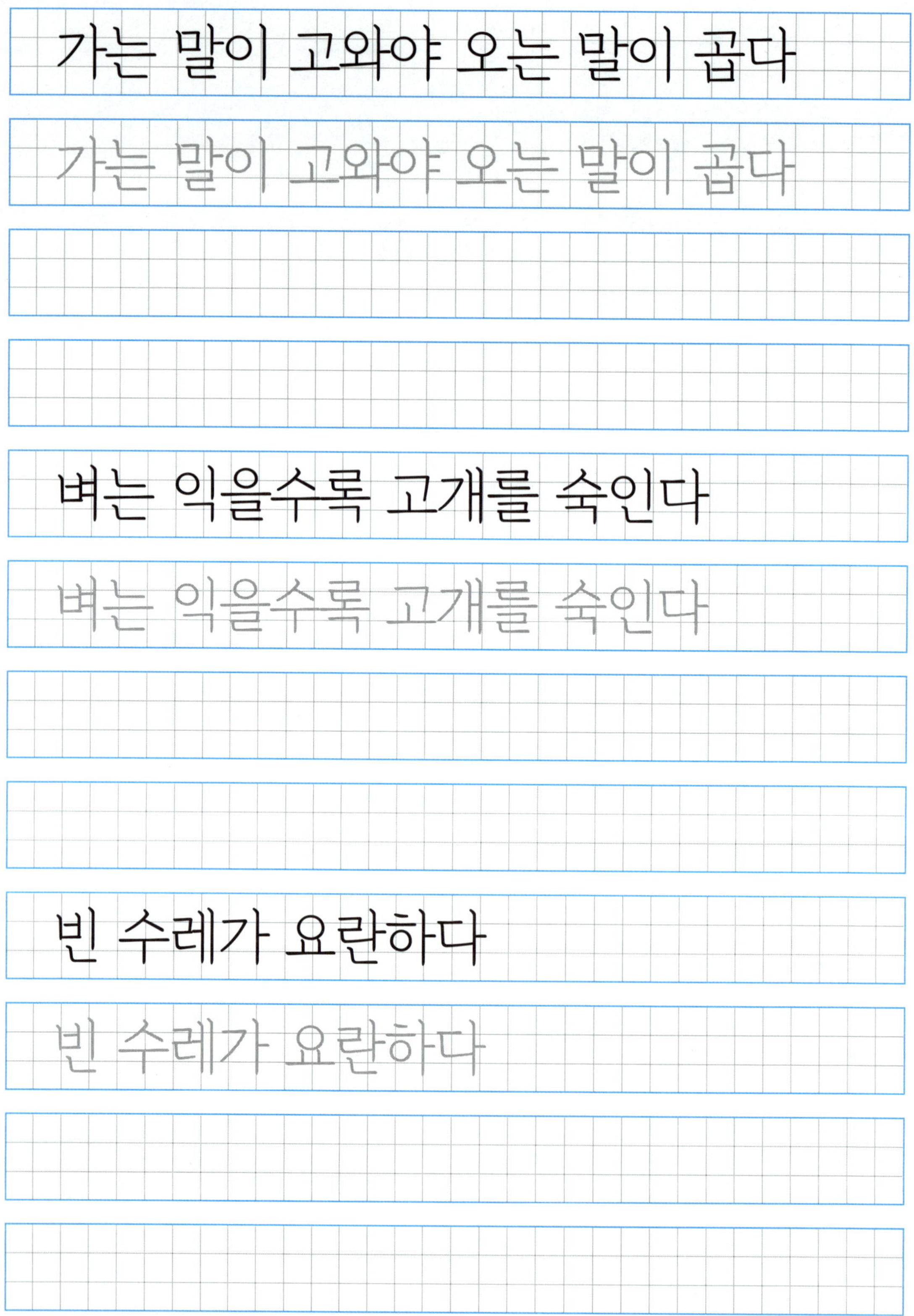

가는 말이 고와야 오는 말이 곱다
가는 말이 고와야 오는 말이 곱다
벼는 익을수록 고개를 숙인다
벼는 익을수록 고개를 숙인다
빈 수레가 요란하다
빈 수레가 요란하다

웃는 얼굴에 침 못 뱉는다

웃는 얼굴에 침 못 뱉는다

원숭이도 나무에서 떨어진다

원숭이도 나무에서 떨어진다

팔은 안으로 굽는다

팔은 안으로 굽는다

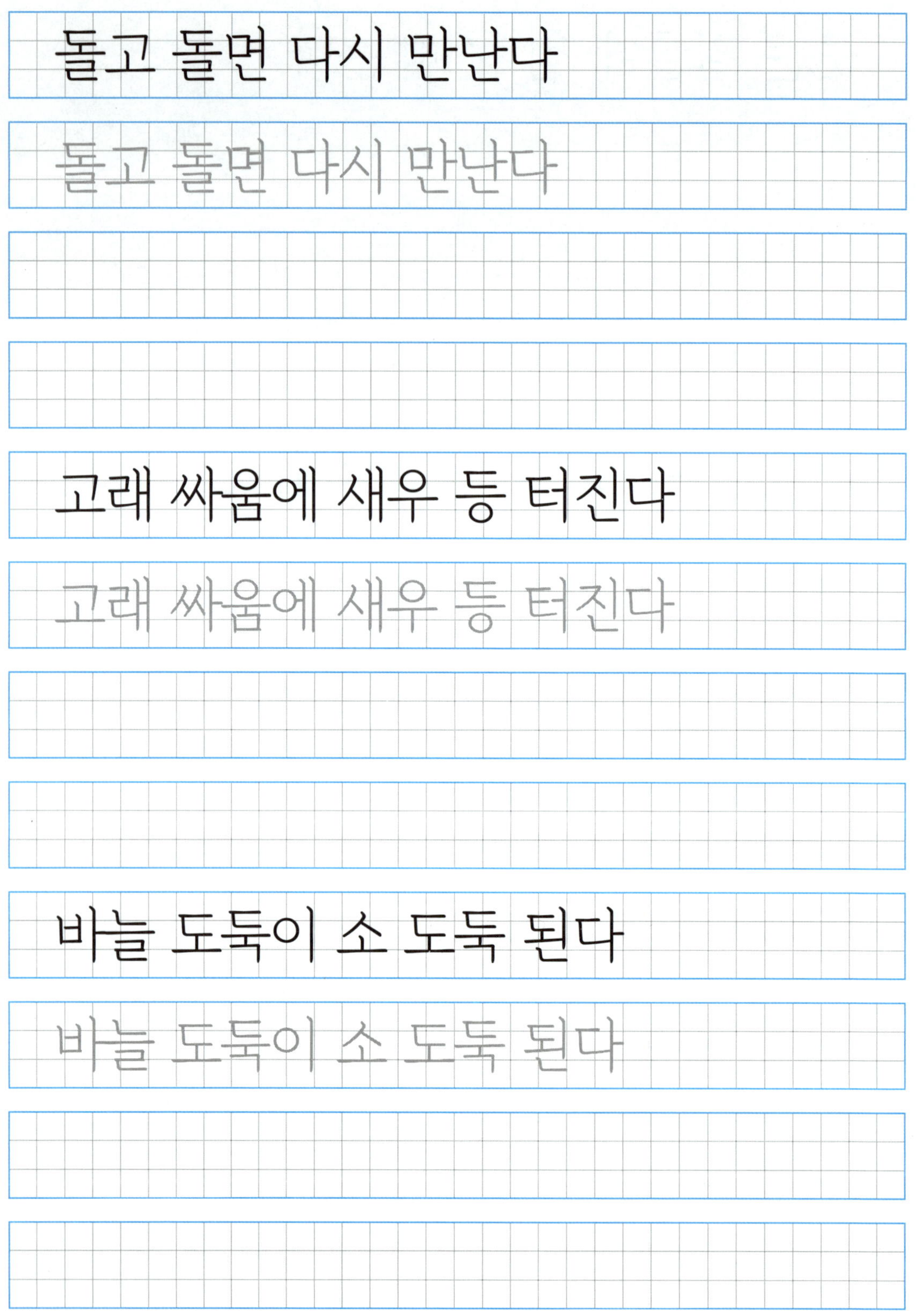

돌고 돌면 다시 만난다
돌고 돌면 다시 만난다

고래 싸움에 새우 등 터진다
고래 싸움에 새우 등 터진다

바늘 도둑이 소 도둑 된다
바늘 도둑이 소 도둑 된다

돌다리도 두들겨 보고 건너라

돌다리도 두들겨 보고 건너라

아니 땐 굴뚝에 연기 나랴

아니 땐 굴뚝에 연기 나랴

사공이 많으면 배가 산으로 간다

사공이 많으면 배가 산으로 간다

윤동주의 〈별 헤는 밤〉, 정지용의 〈유리창〉, 김소월의 〈엄마야 누나야〉, 이육사의 〈청포도〉 등 시인의 시 구절을 방안지에 가로로 써 봅니다. 시 구절의 간결하면서도 감각적인 문장은 쓰기 연습에 적합하고 필사 과정에서 글씨에 특별한 감성을 불어 넣어 따뜻한 기운을 실을 수 있습니다.

계절이 지나가는 하늘에는

계절이 지나가는 하늘에는

가을로 가득 차 있습니다

가을로 가득 차 있습니다

나는 아무 걱정도 없이

나는 아무 걱정도 없이

가을 속의 별들을

가을 속의 별들을

다 헤일 듯합니다

다 헤일 듯합니다

가슴속에 하나 둘 새겨지는 별을

가슴속에 하나 둘 새겨지는 별을

이제 다 못 헤는 것은

이제 다 못 헤는 것은

쉬이 아침이 오는 까닭이요

쉬이 아침이 오는 까닭이요

내일 밤이 남은 까닭이요

내일 밤이 남은 까닭이요

아직 나의 청춘이

아직 나의 청춘이

다하지 않은 까닭입니다

다하지 않은 까닭입니다

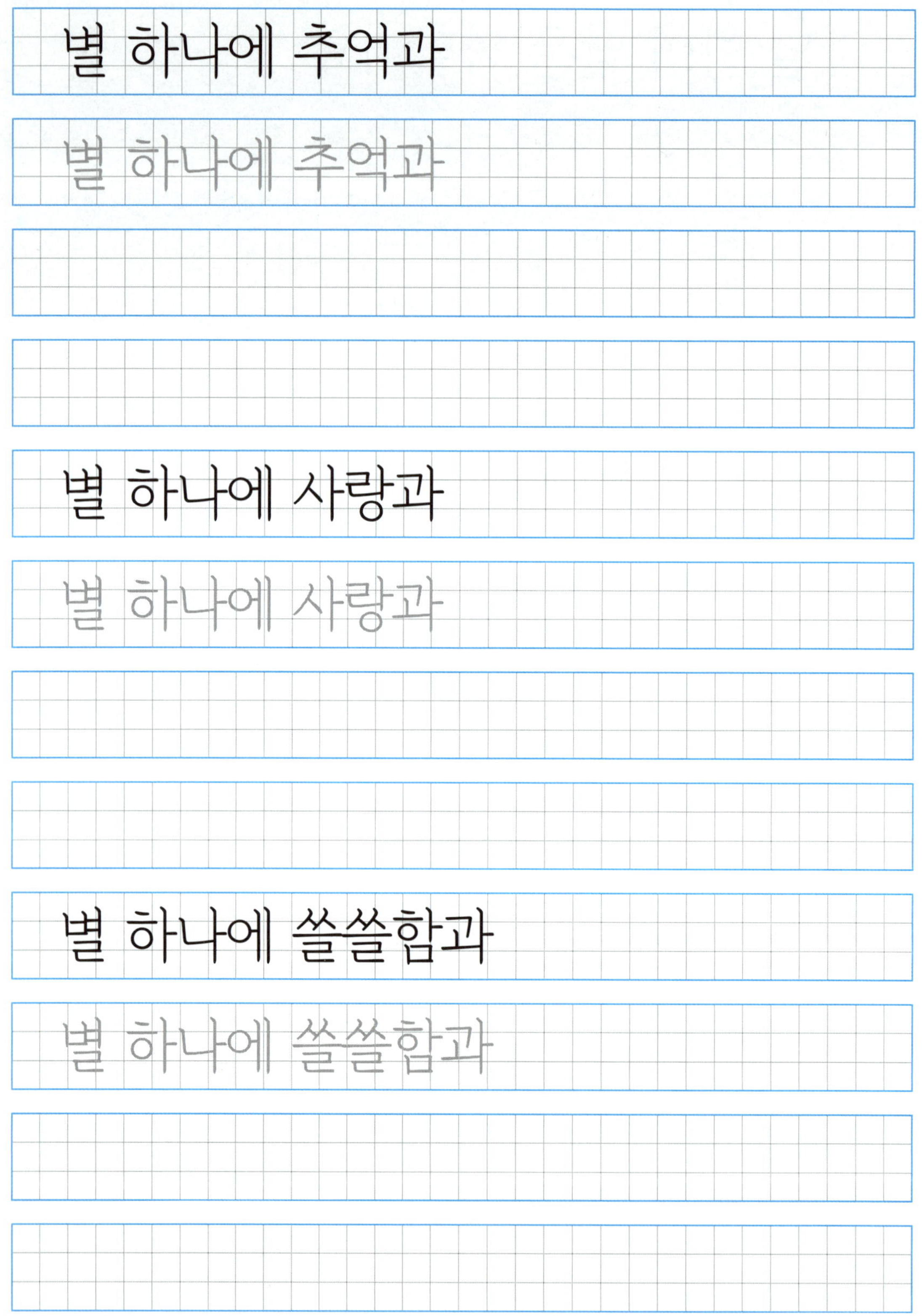

별 하나에 추억과

별 하나에 사랑과

별 하나에 쓸쓸함과

별 하나에 동경과

별 하나에 동경과

별 하나에 시와

별 하나에 시와

별 하나에 어머니, 어머니,

별 하나에 어머니, 어머니,

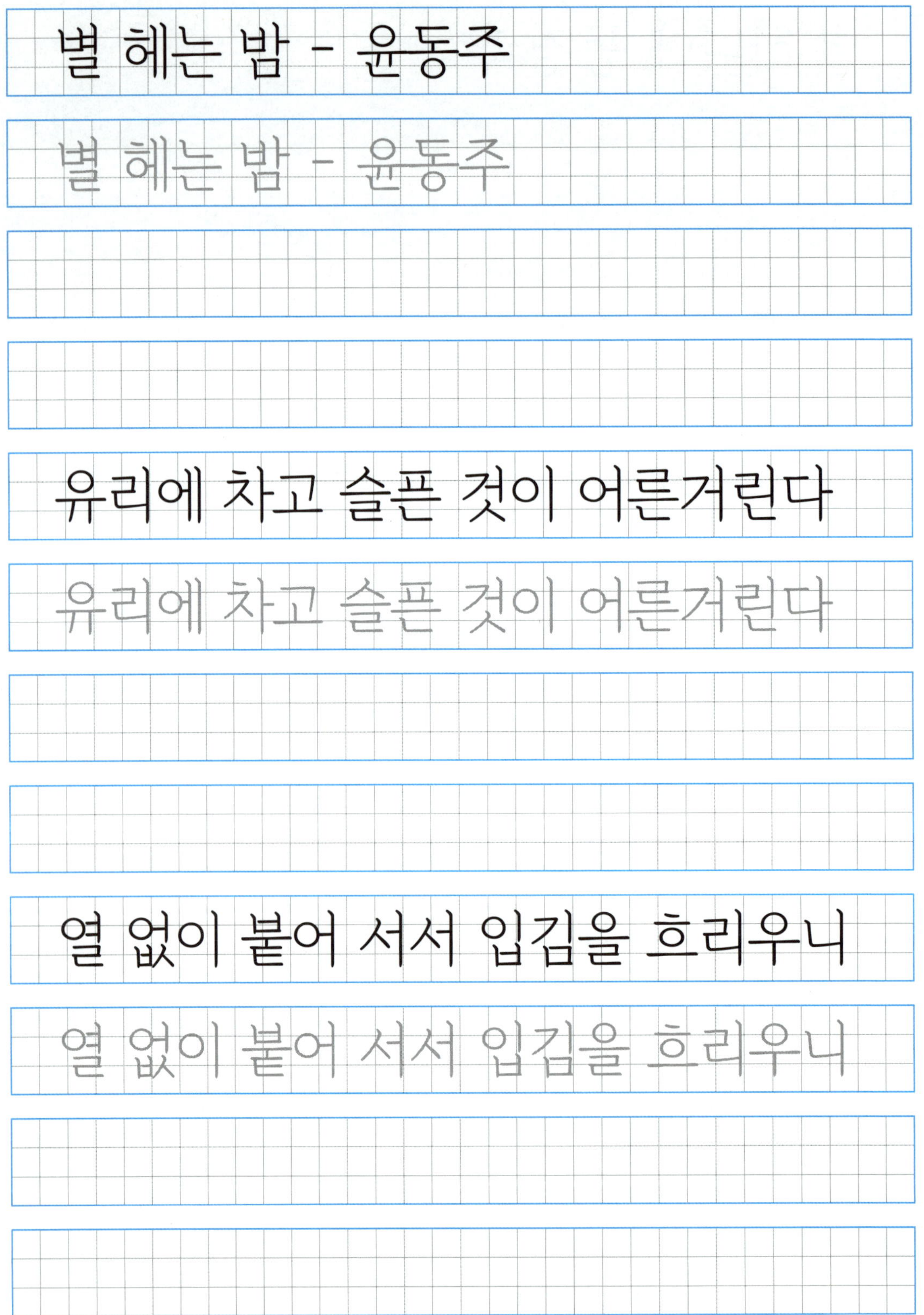

별 헤는 밤 - 윤동주

별 헤는 밤 - 윤동주

유리에 차고 슬픈 것이 어른거린다

유리에 차고 슬픈 것이 어른거린다

열 없이 붙어 서서 입김을 흐리우니

열 없이 붙어 서서 입김을 흐리우니

길들은 양 언 날개를 파닥거린다

길들은 양 언 날개를 파닥거린다

지우고 보고 지우고 보아도

지우고 보고 지우고 보아도

새까만 밤이 밀려 나가고

새까만 밤이 밀려 나가고

밀려와 부딪히고

밀려와 부딪히고

물 먹은 별이 반짝, 보석처럼 박힌다

물 먹은 별이 반짝, 보석처럼 박힌다

밤에 홀로 유리를 닦는 것은

밤에 홀로 유리를 닦는 것은

외로운 황홀한 심사이어니

외로운 황홀한 심사이어니

고운 폐혈관이 찢어진 채로

고운 폐혈관이 찢어진 채로

아아, 늬는 산새처럼 날아갔구나

아아, 늬는 산새처럼 날아갔구나

유리창 - 정지용

유리창 - 정지용

엄마야 누나야 강변 살자

엄마야 누나야 강변 살자

뜰에는 반짝이는 금모래 빛

뜰에는 반짝이는 금모래 빛

뒷문 밖에는 갈잎의 노래

뒷문 밖에는 갈잎의 노래

엄마야 누나야 강변 살자

엄마야 누나야 강변 살자

엄마야 누나야 - 김소월

엄마야 누나야 - 김소월

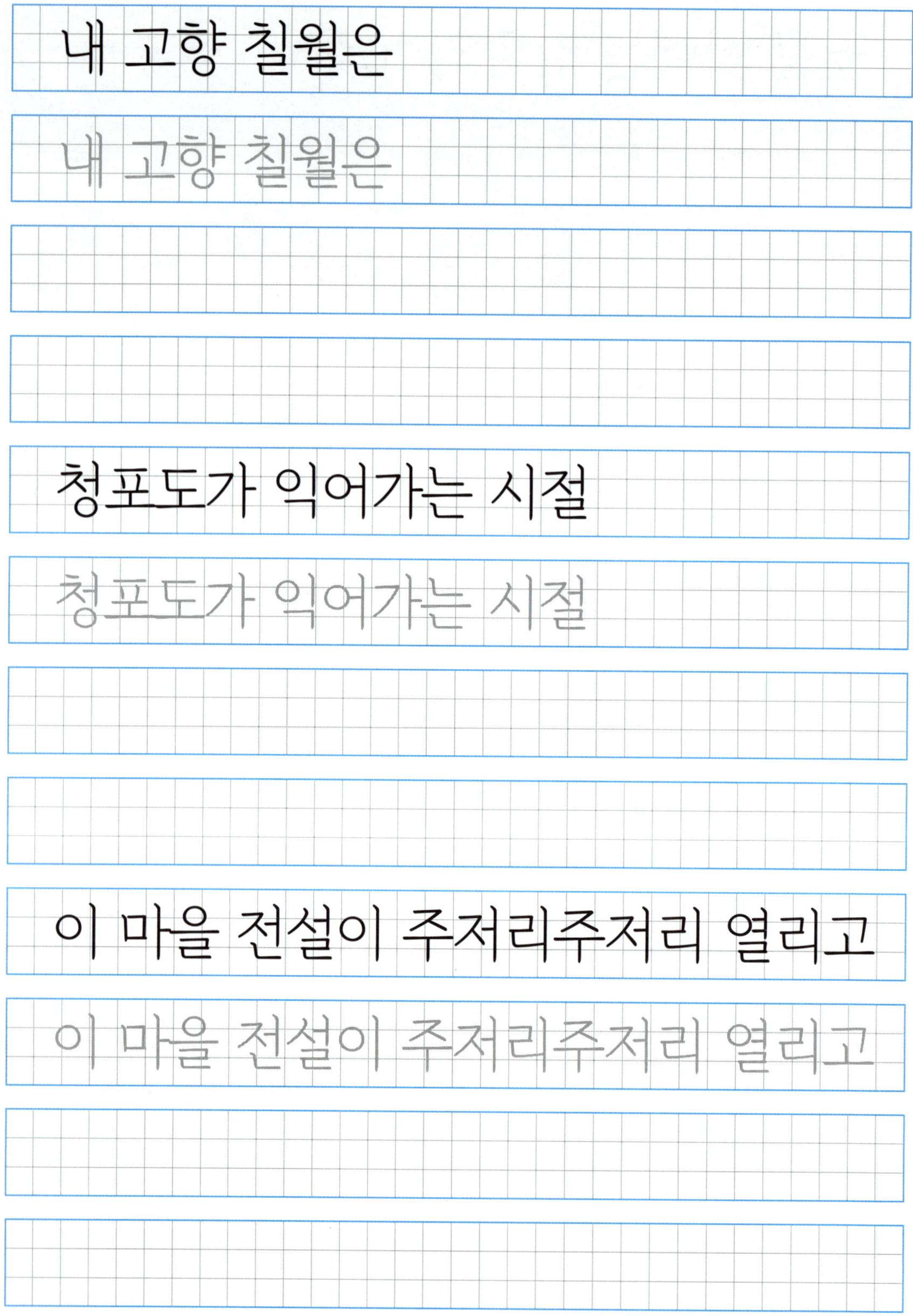

내 고향 칠월은

청포도가 익어가는 시절

이 마을 전설이 주저리주저리 열리고

먼 데 하늘이 꿈꾸며

먼 데 하늘이 꿈꾸며

알알이 들어와 박혀

알알이 들어와 박혀

하늘 밑 푸른 바다가 가슴을 열고

하늘 밑 푸른 바다가 가슴을 열고

흰 돛단배가 곱게 밀려서 오면

흰 돛단배가 곱게 밀려서 오면

내가 바라는 손님은 고달픈 몸으로

내가 바라는 손님은 고달픈 몸으로

청포를 입고 찾아온다고 했으니

청포를 입고 찾아온다고 했으니

내 그를 맞아 이 포도를 따 먹으면

두 손은 함뿍 적셔도 좋으련

청포도-이육사

정자체 짧은 단어 세로쓰기

세로쓰기는 기본적으로 위에서 아래로 내려가며, 오른쪽에서 왼쪽으로 줄을 바꿔 가며 쓰는 방식은
우종서, 반대로 왼쪽에서 오른쪽으로 줄을 바꿔 가며 쓰는 방식은 좌종서라고 한다. 명칭의 '좌'와
'우'를 헷갈려할 수 있는데 시작하는 쪽을 기준으로 이름을 붙인다. 방안지의 기준선 중앙에 맞춰
글자 간격과 줄 흐름을 일정하게 유지하고 정자체 단어를 바르게 위에서 아래로 써 보세요.

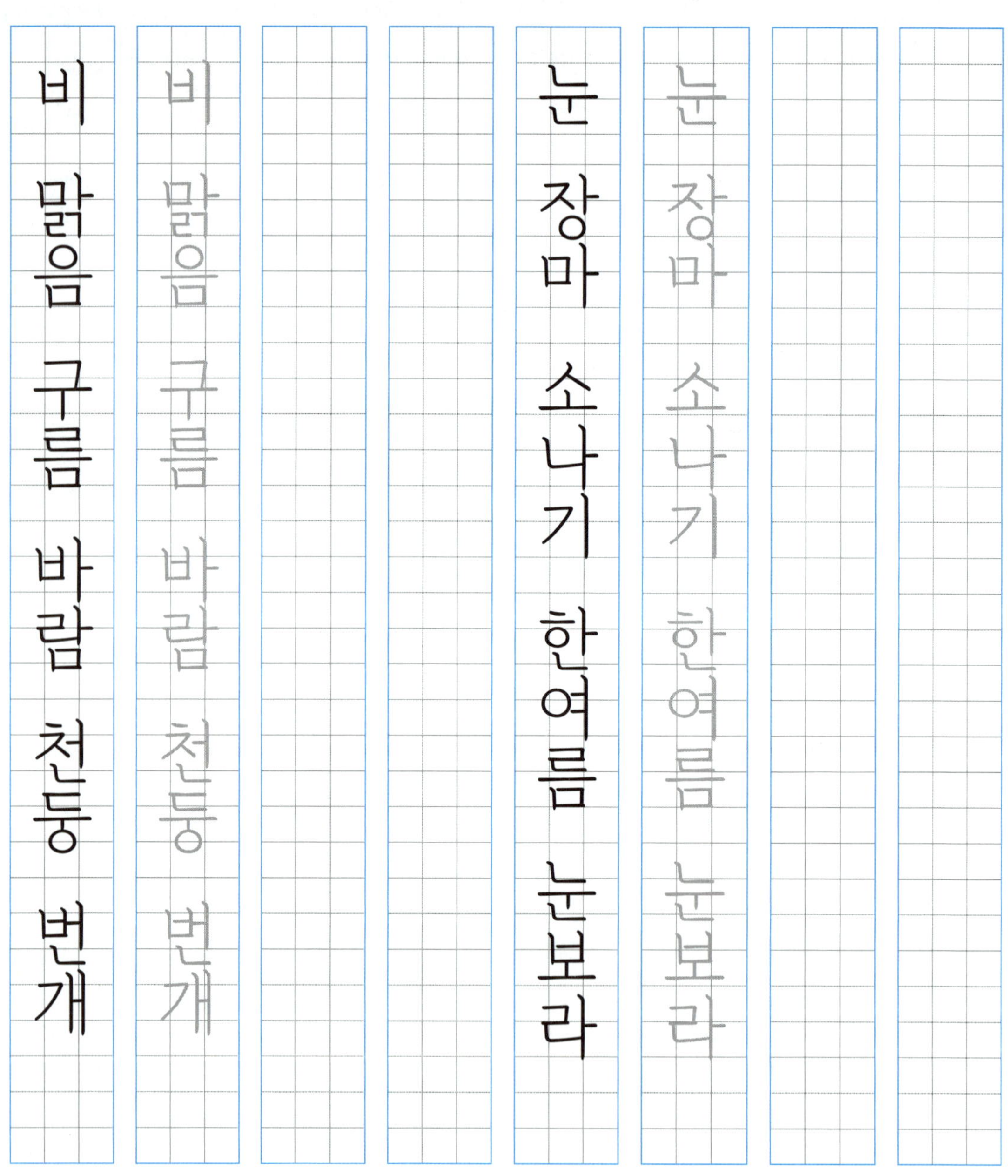

어제 오늘 내일 모레 미래 지금 내년

어제 오늘 내일 모레 미래 지금 내년

카페 호빵 유자차 소금빵 치킨 햄버거

카페 호빵 유자차 소금빵 치킨 햄버거

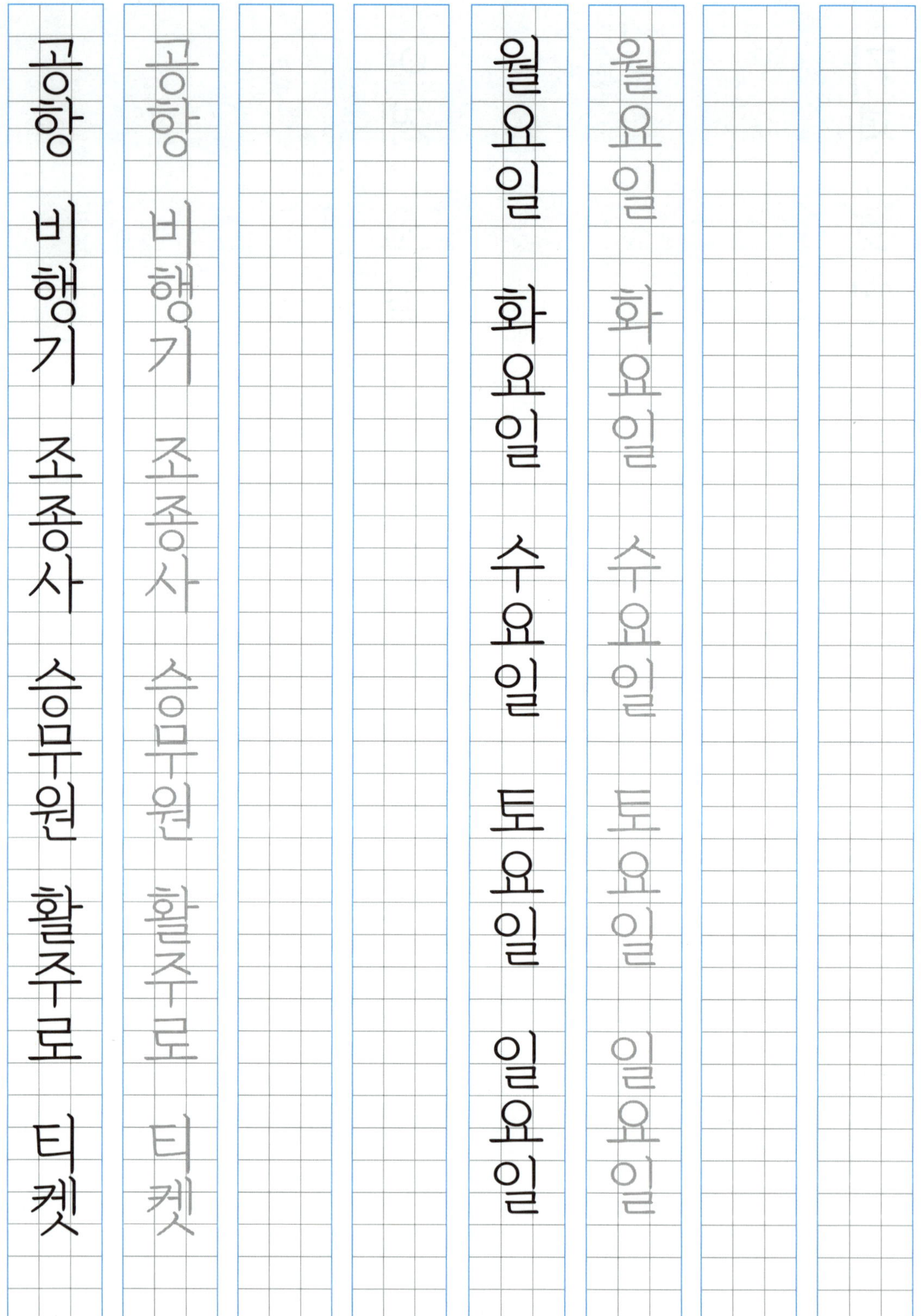

고향 비행기 조종사 승무원 활주로 티켓
고향 비행기 조종사 승무원 활주로 티켓
월요일 화요일 수요일 토요일 일요일
월요일 화요일 수요일 토요일 일요일

발레 연습 운동회 솜사탕 단풍 공원

발레 연습 운동회 솜사탕 단풍 공원

미술관 극장 음악회 영화 팝콘 행운

미술관 극장 음악회 영화 팝콘 행운

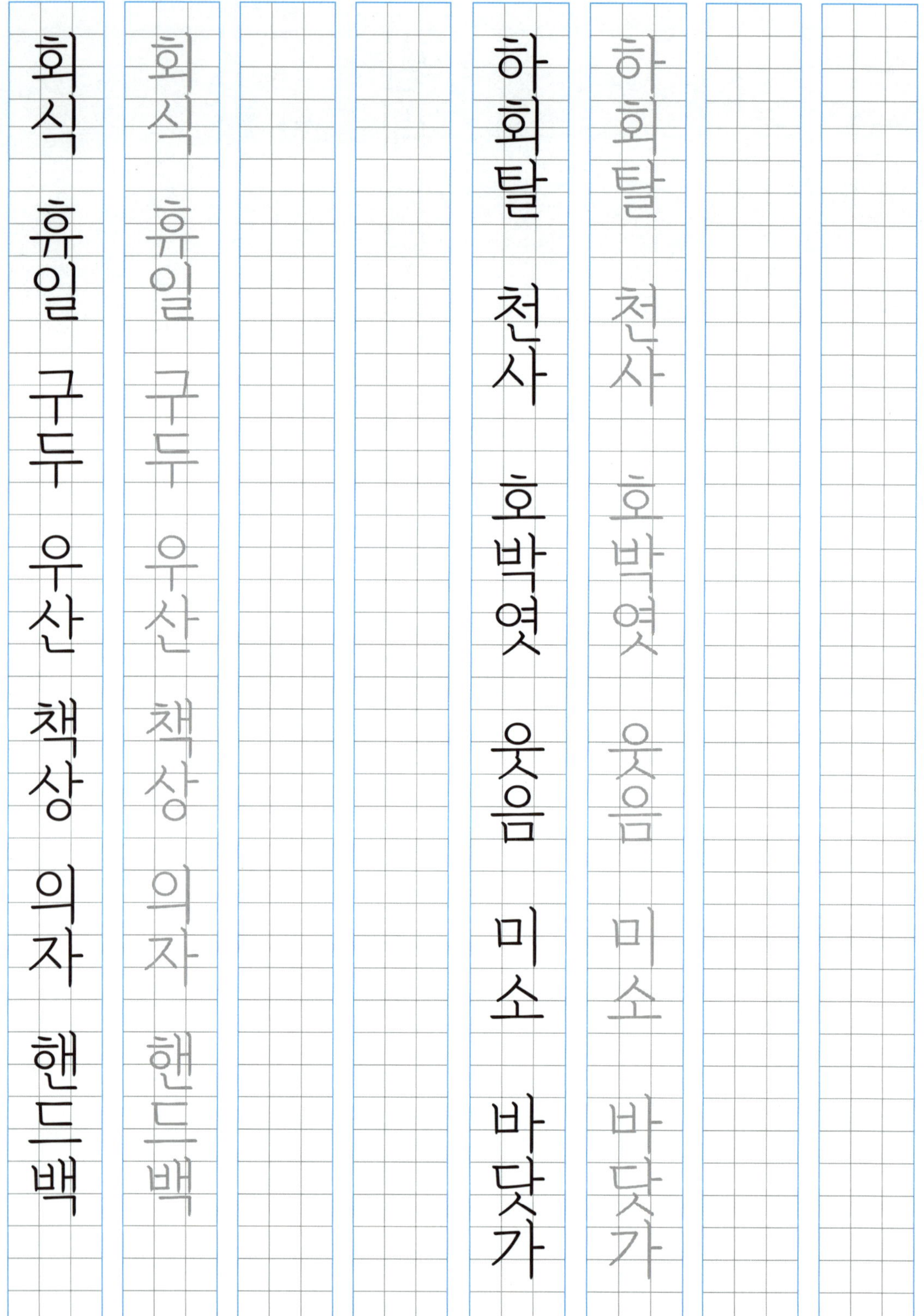

하회탈 천사 호박엿 웃음 미소 바닷가
하회탈 천사 호박엿 웃음 미소 바닷가
회식 휴일 구두 우산 책상 의자 핸드백
회식 휴일 구두 우산 책상 의자 핸드백

보름달 송묘 추석 축제 성탄절 한마당

보름달 송묘 추석 축제 성탄절 한마당

사과 경청 존경 사랑 우정 만땅 친구

사과 경청 존경 사랑 우정 만땅 친구

정자체 4자 단어 세로쓰기

이번에는 정자체 4자 단어를 방안지의 중심선에 맞추어 곧게 내려 써 보세요. 글자 사이 간격과 줄의 흐름을 일정하게 유지하고 쓰다 보면 글씨가 한층 안정감 있게 보입니다. 세로쓰기 연습은 글씨에 감성과 리듬을 더해주는 좋은 방법이 됩니다.

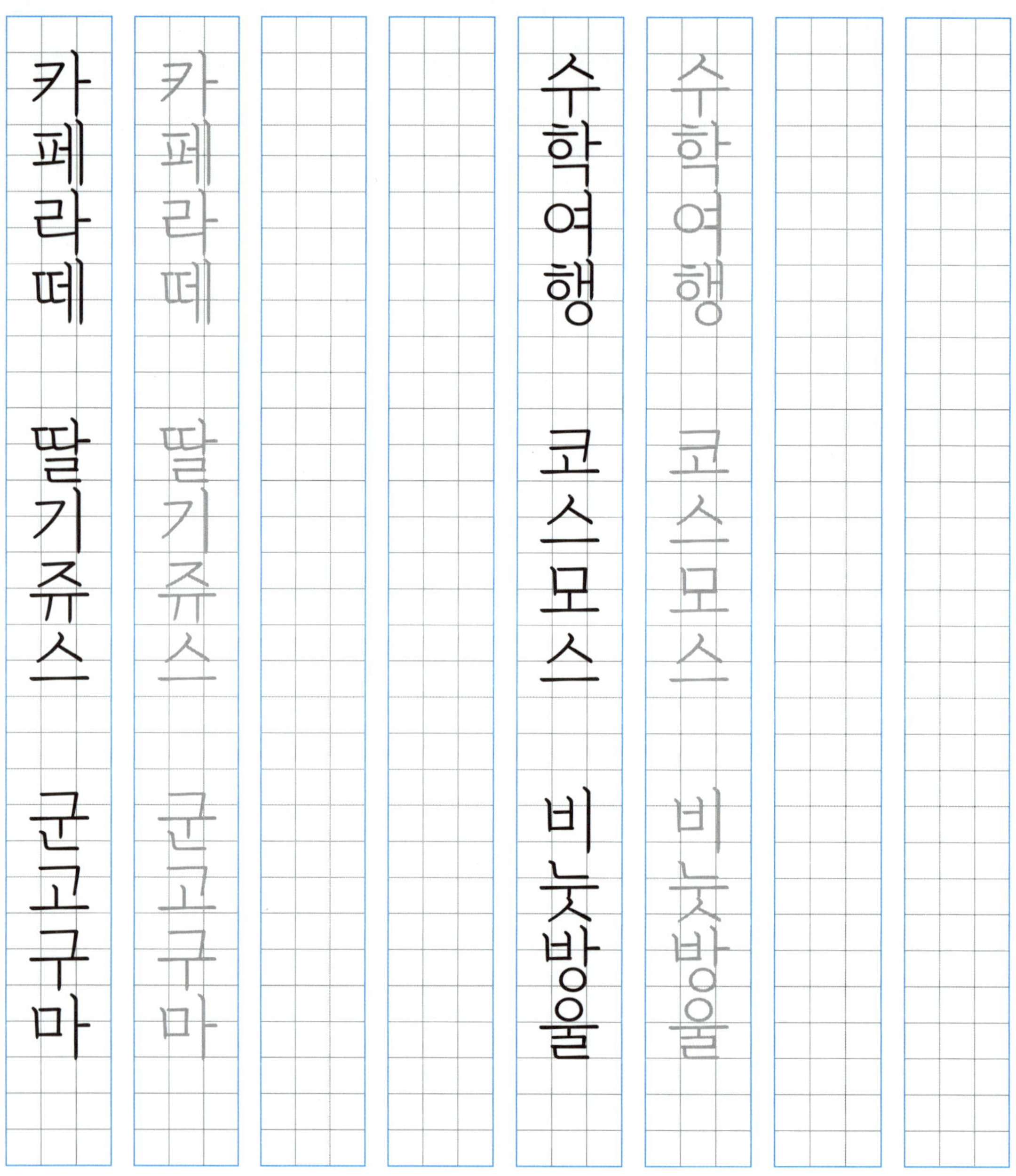

풍당풍당 하루하루 토닥토닥 쓰담쓰담

풍당풍당 하루하루 토닥토닥 쓰담쓰담

생일파티 초코파이 메밀전병 파인애플

생일파티 초코파이 메밀전병 파인애플

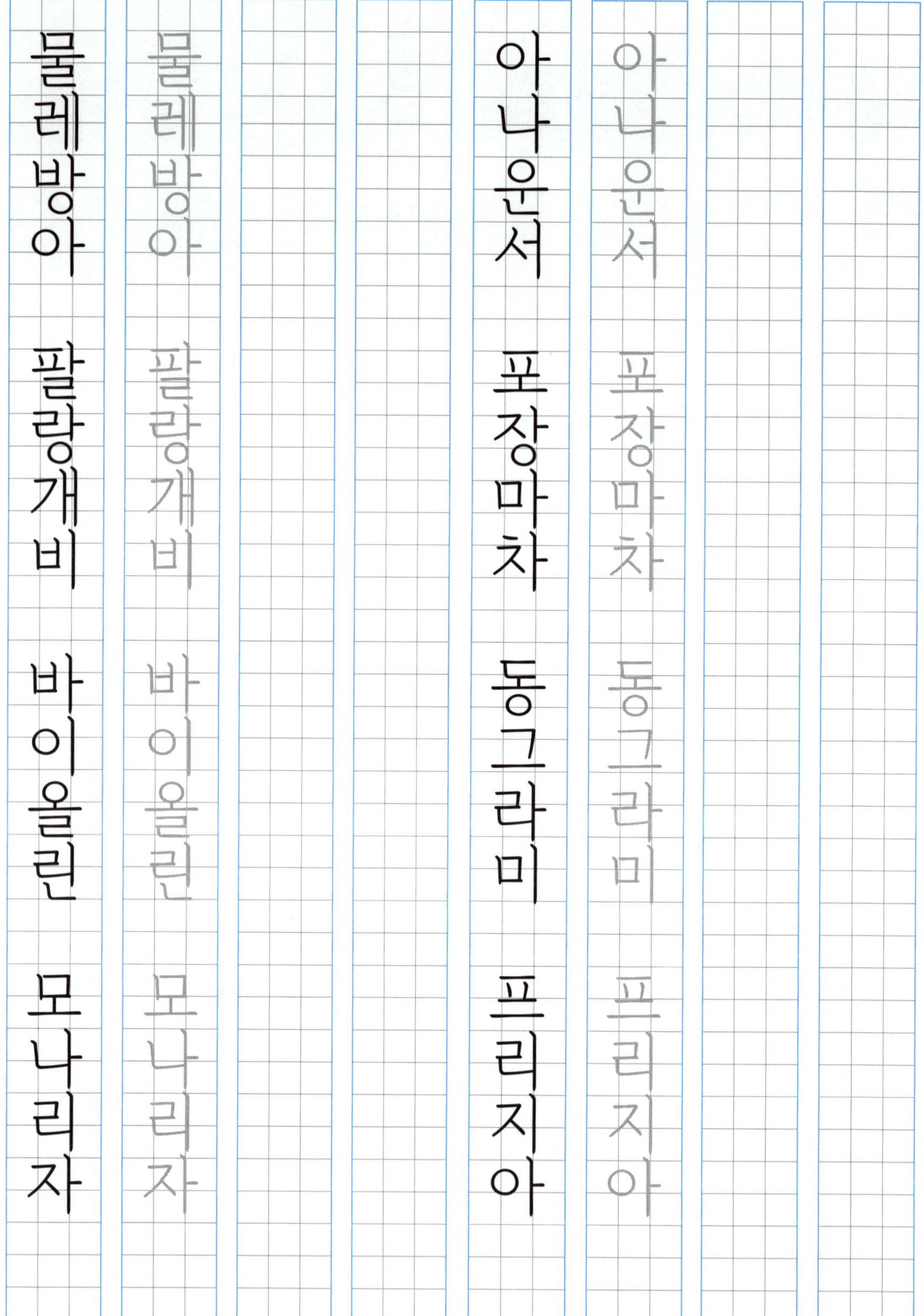

아나운서 포장마차 동그라미 프리지아
물레방아 팔랑개비 바이올린 모나리자

빙산일각 설상가상 신토불이 십인십색

빙산일각 설상가상 신토불이 십인십색

견물생심 호시탐탐 막상막하 오합지졸

견물생심 호시탐탐 막상막하 오합지졸

이열치열 천진난만 파죽지세 비일비재

이열치열 천진난만 파죽지세 비일비재

막상막하 우공이산 형제자매 기고만장

막상막하 우공이산 형제자매 기고만장

작심삼일 삼일천하 이팔청춘 구사일생

작심삼일 삼일천하 이팔청춘 구사일생

사필귀정 유비무환 구곡단장 일거이득

사필귀정 유비무환 구곡단장 일거이득

정자체 문장 세로쓰기

문장 세로쓰기는 글자가 기울거나 줄이 흔들리면 전체가 불안정해 보이니 방안지 중간 선에 맞춰 일정한 간격을 유지하며 씁니다. 또한 줄이 좁거나 넓어져도 흐름이 깨지고 가독성이 떨어지니 이 점 조심하면서 글자를 한 칸씩 내려 쓰는 연습을 해보세요.

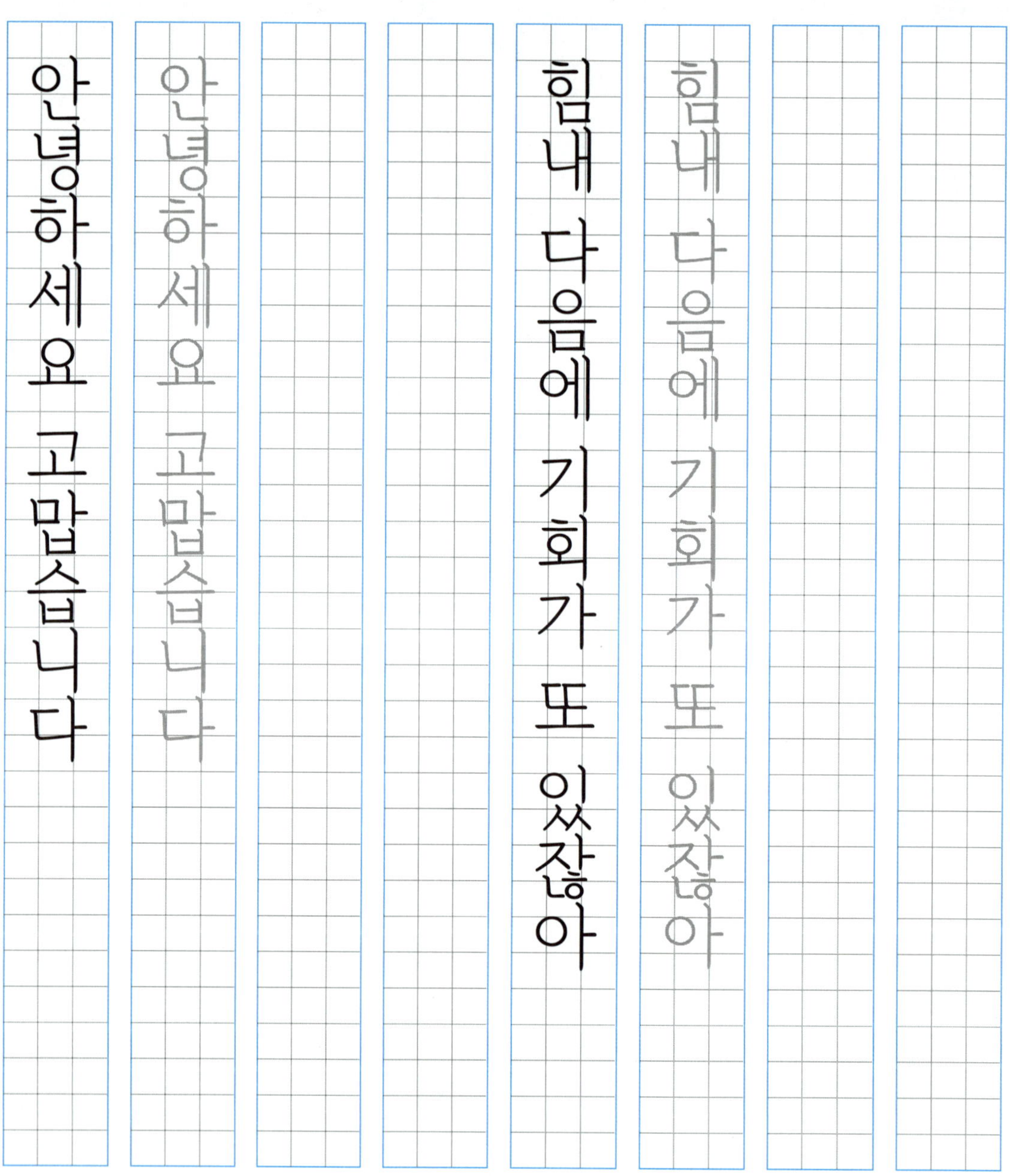

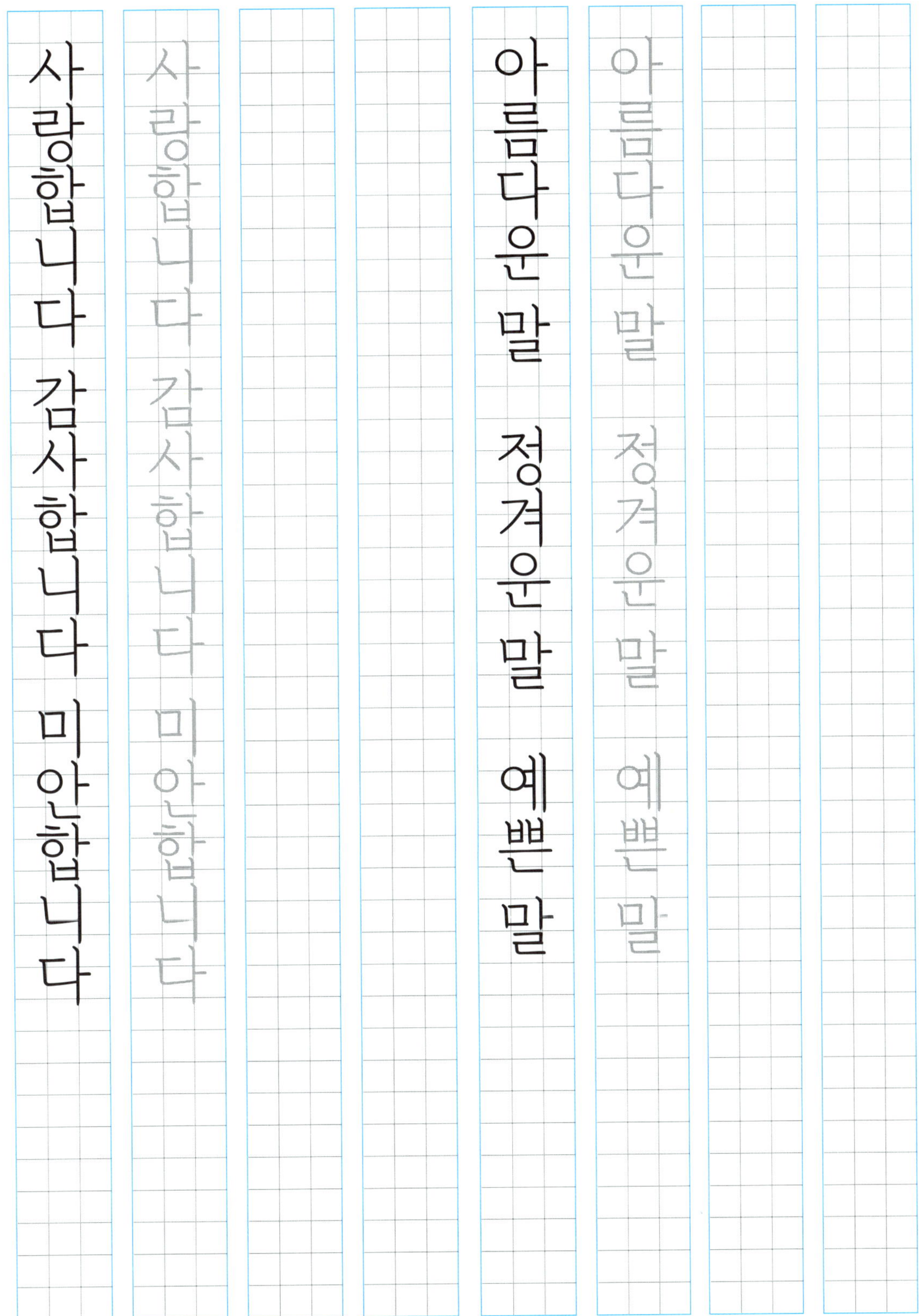
아름다운 말 정겨운 말 예쁜 말
아름다운 말 정겨운 말 예쁜 말
사랑합니다 감사합니다 미안합니다
사랑합니다 감사합니다 미안합니다

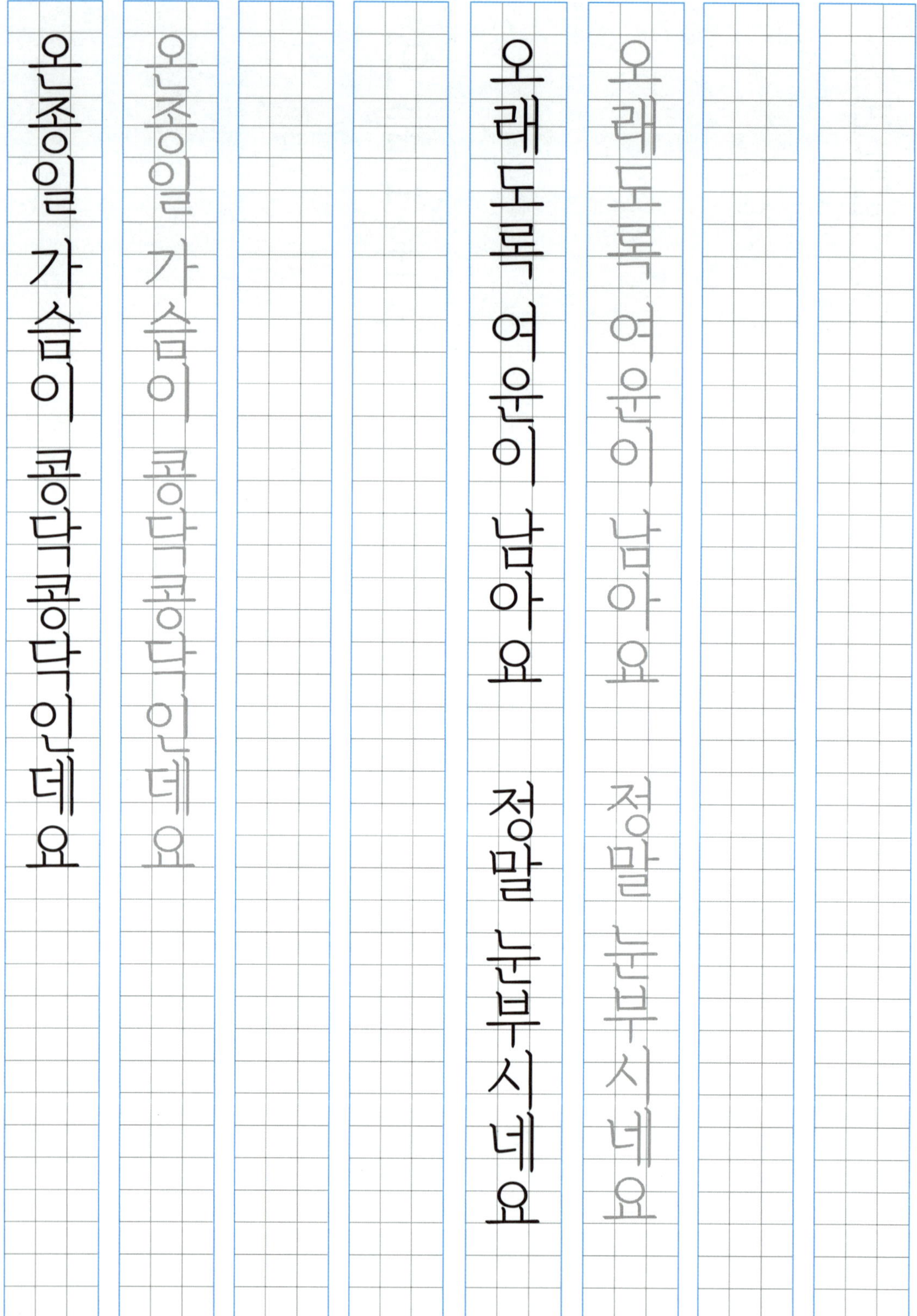

오래도록 여운이 남아요 정말 눈부시네요

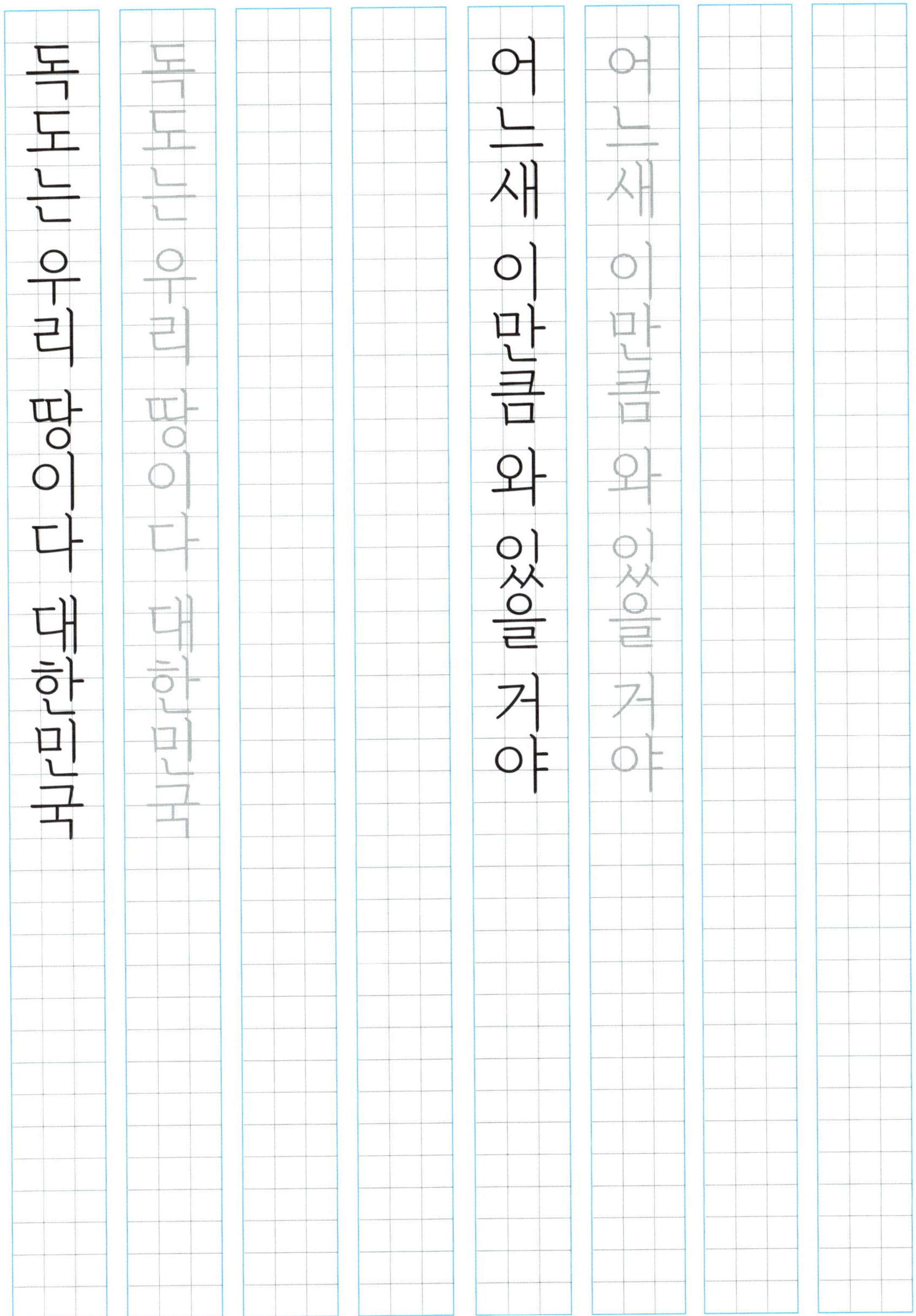
어느새 이만큼 와 있을 거야
어느새 이만큼 와 있을 거야
독도는 우리 땅이다 대한민국
독도는 우리 땅이다 대한민국

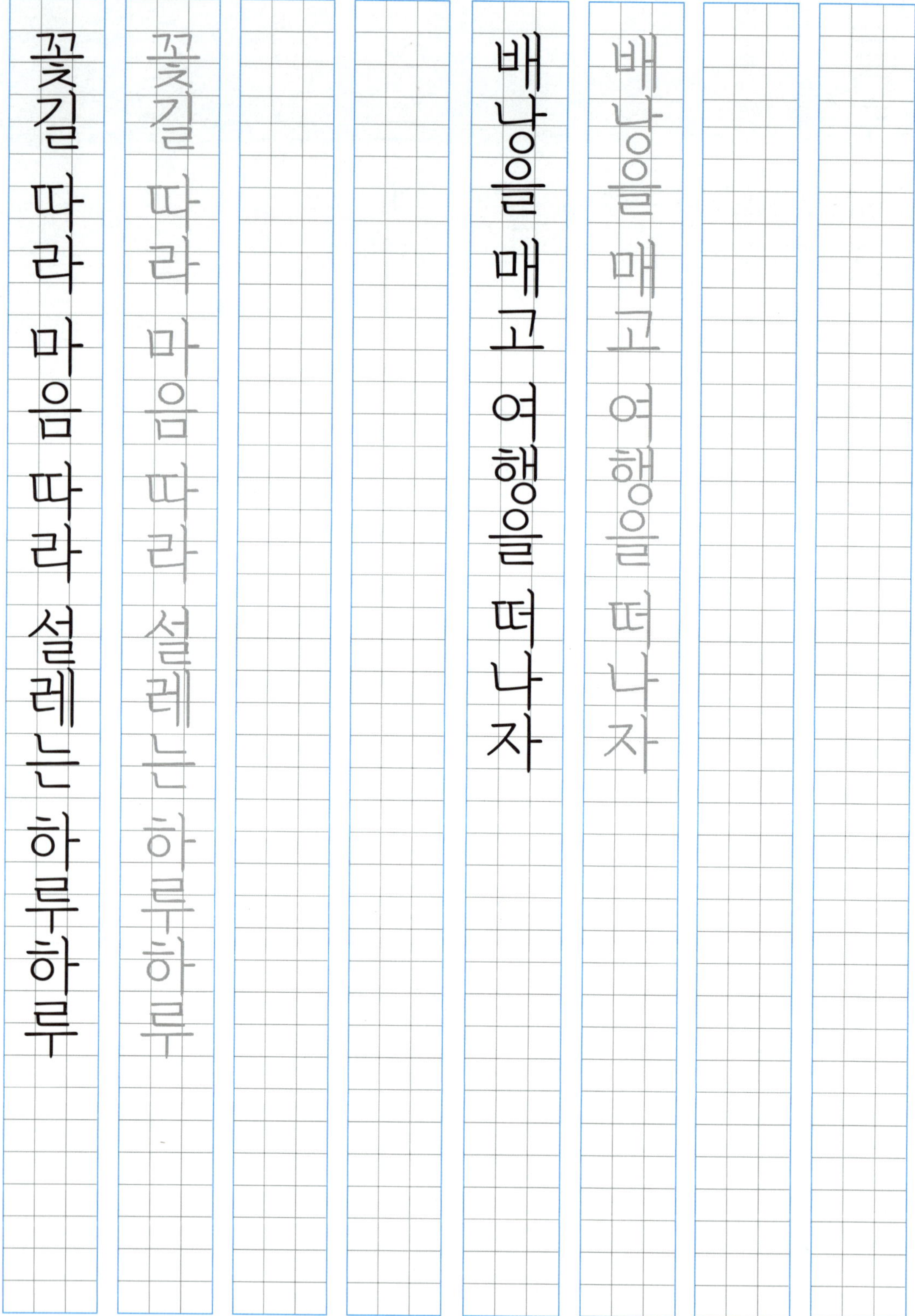

배낭을 매고 여행을 떠나자
꽃길 따라 마음 따라 설레는 하루하루

너는 웃는 별을 가지게 될 거야

세상에서 가장 빛나는 따뜻한 이야기

정자체 속담 세로쓰기

방안지에 속담을 세로로 써 봅니다. 속담 쓰기는 글씨체를 안정적으로 익히는 데 큰 도움이 되며
의미 있는 내용으로 지루하지 않는 연습 방법입니다. 세로쓰기는 눈에 띄는 배열을 이루기 때문에
글자가 기울거나 줄이 고르지 않으면 전체 분위기가 흐트러져 보이니 무엇보다 줄을 곧게 세우고
쓰면 글씨가 더 깔끔하고 정돈된 느낌을 줍니다.

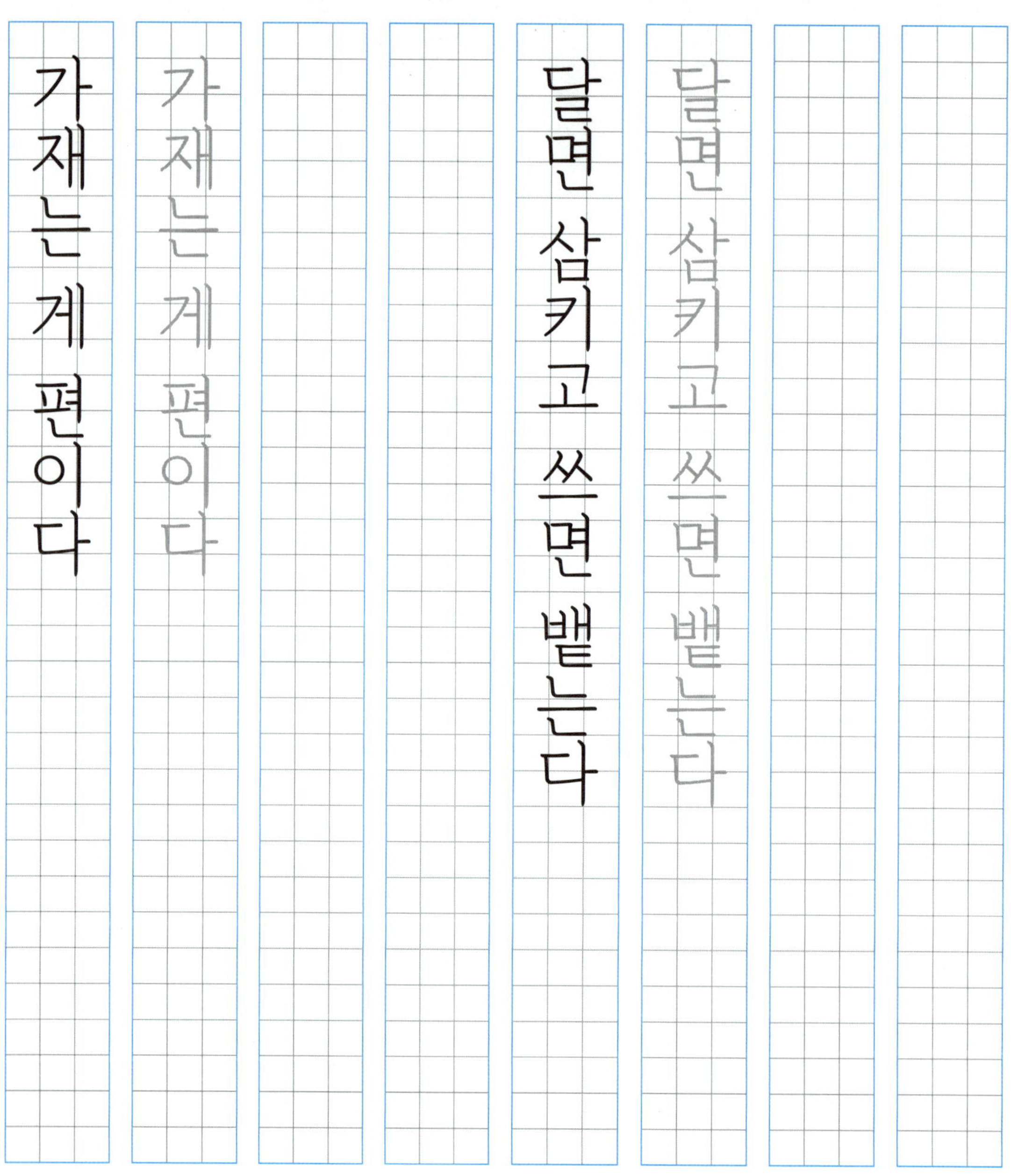

개구리 올챙이 적 생각을 못 한다

개구리 올챙이 적 생각을 못 한다

누워서 떡 먹기

티끌 모아 태산

누워서 떡 먹기

티끌 모아 태산

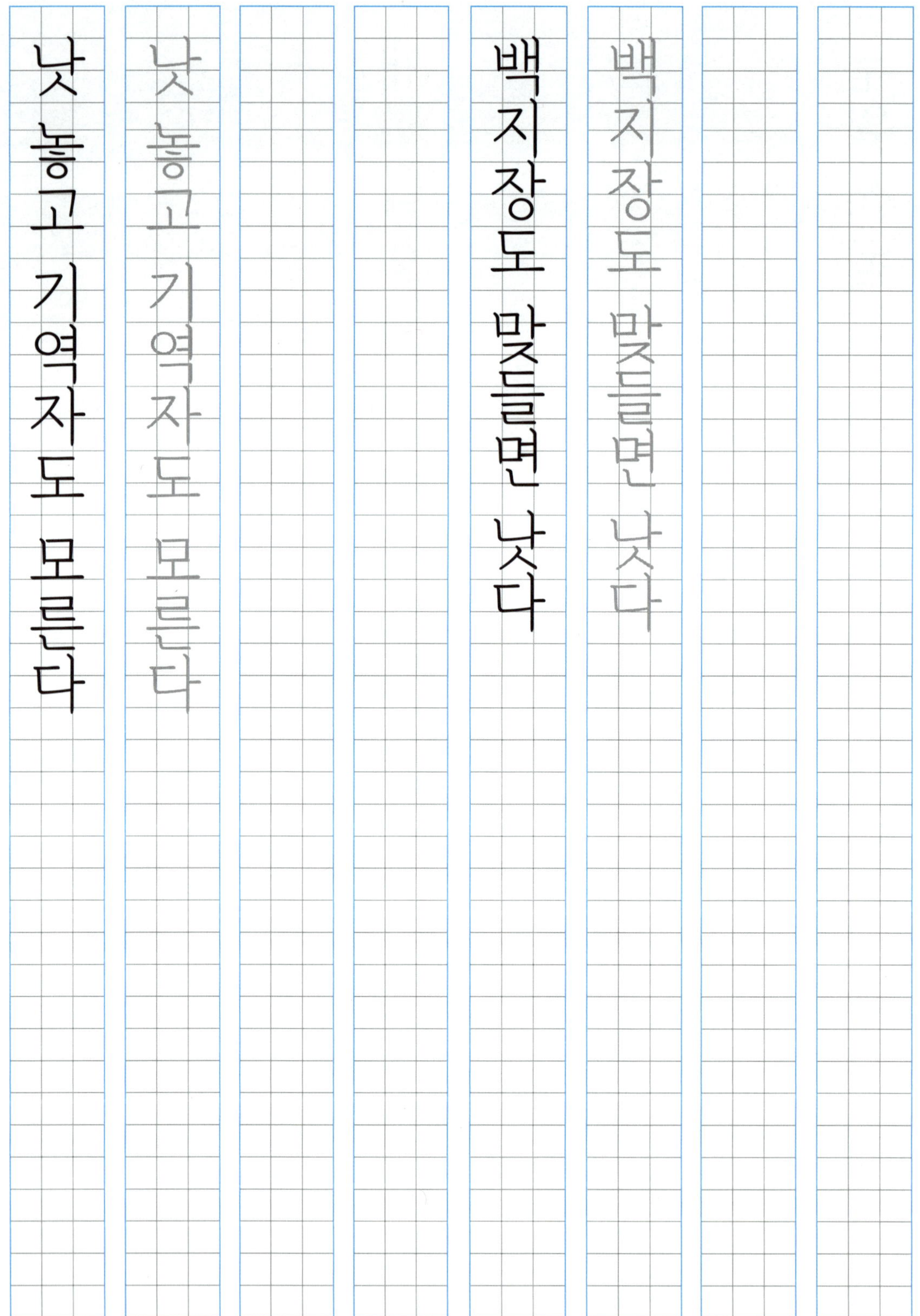

146

말 한마디에 천 냥 빚을 갚는다

말 한마디에 천 냥 빚을 갚는다

될성부른 나무는 떡잎부터 남다르다

될성부른 나무는 떡잎부터 남다르다

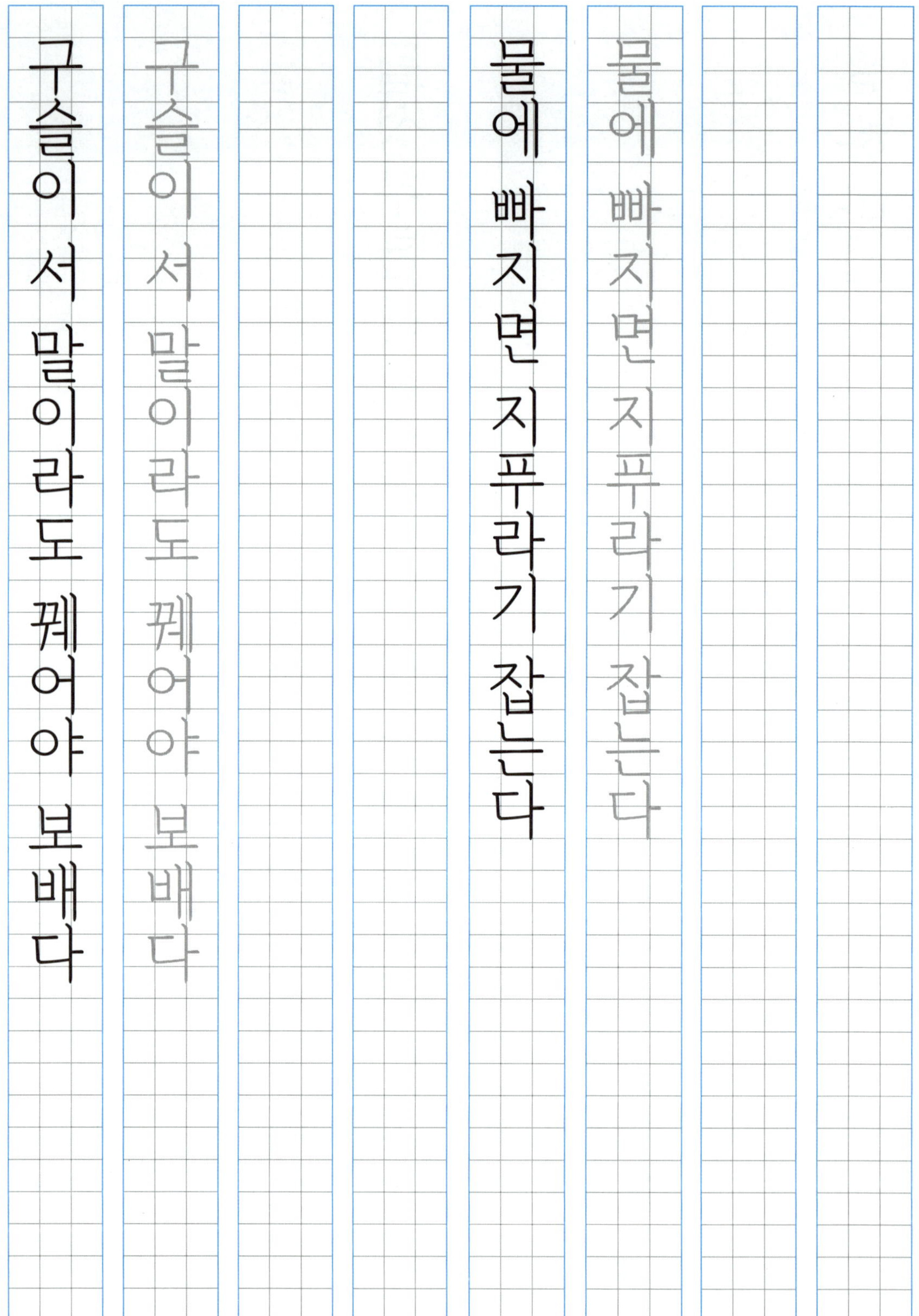

물에 빠지면 지푸라기 잡는다
물에 빠지면 지푸라기 잡는다
구슬이 서 말이라도 꿰어야 보배다
구슬이 서 말이라도 꿰어야 보배다

소 잃고 외양간 고친다　가재는 게 편

소 잃고 외양간 고친다　가재는 게 편

사공이 많으면 배가 산으로 간다

사공이 많으면 배가 산으로 간다

정자체 시 문장 세로쓰기

방안지에 시인의 시 문장을 세로로 써 봅니다. 김소월의 〈진달래꽃〉, 윤동주의 〈반딧불〉, 이육사의 〈광야〉, 김영랑의 〈돌담에 속삭이는 햇발〉 등 마음에 오래 남는 구절들을 시인의 마음으로 따라 쓰다 보면 한 줄 한 줄에 담긴 리듬이 손끝에도 스며듭니다. 들쭉날쭉했던 줄이 정리되고, 어느새 감각적인 문장으로 자연스럽게 글씨체를 바로잡아 주는 효과를 느낄 수 있습니다.

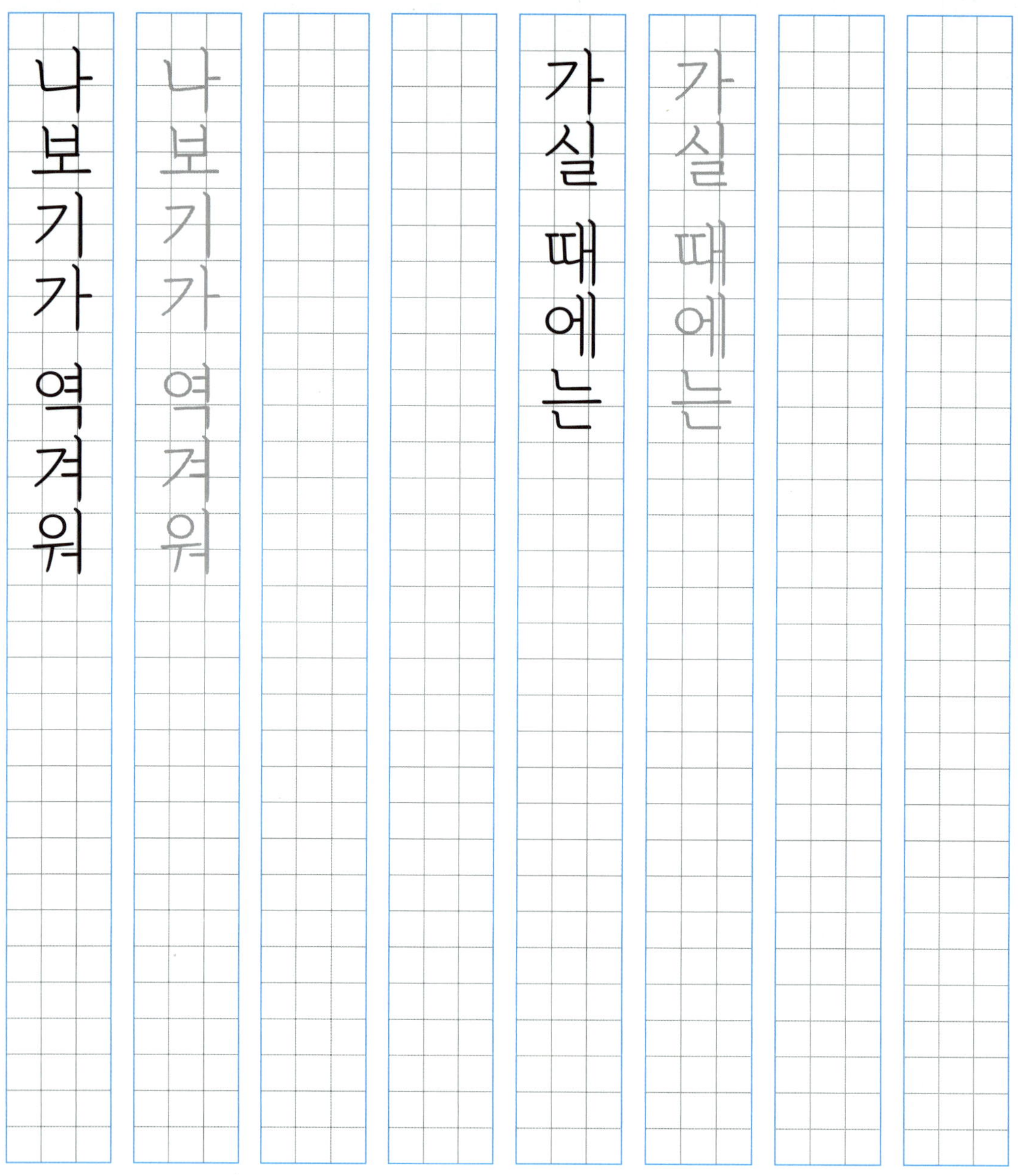

영변에 약산

영변에 약산

말없이 고이 보내 드리우리다

말없이 고이 보내 드리우리다

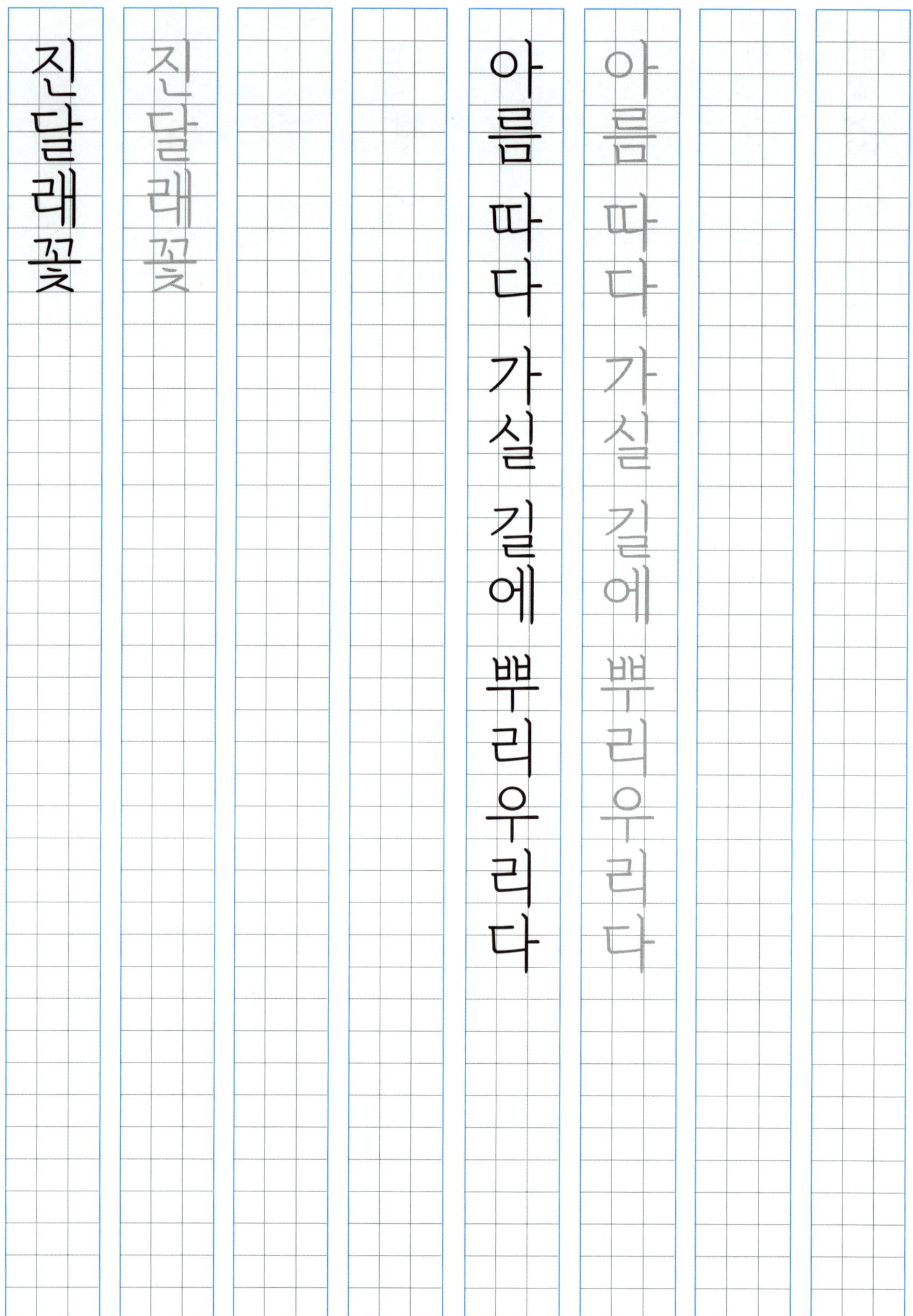

진달래꽃

아름 따다 가실 길에 뿌리우리다

가시는 걸음걸음
놓인 그 꽃을

나 보기가 역겨워

나 보기가 역겨워

사뿐히 즈려밟고 가시옵소서

사뿐히 즈려밟고 가시옵소서

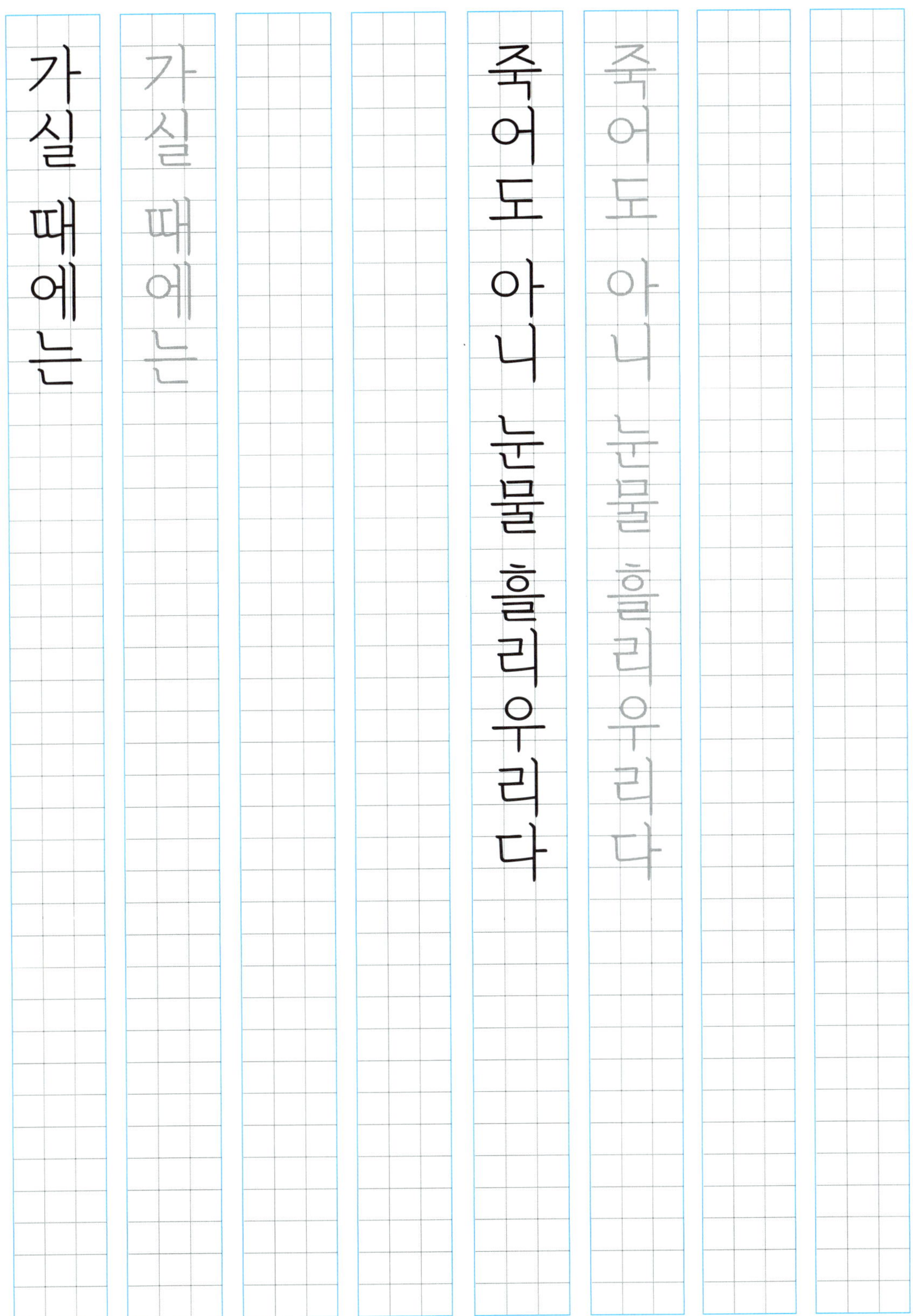
가실 때에는
가실 때에는
죽어도 아니 눈물 흘리우리다
죽어도 아니 눈물 흘리우리다

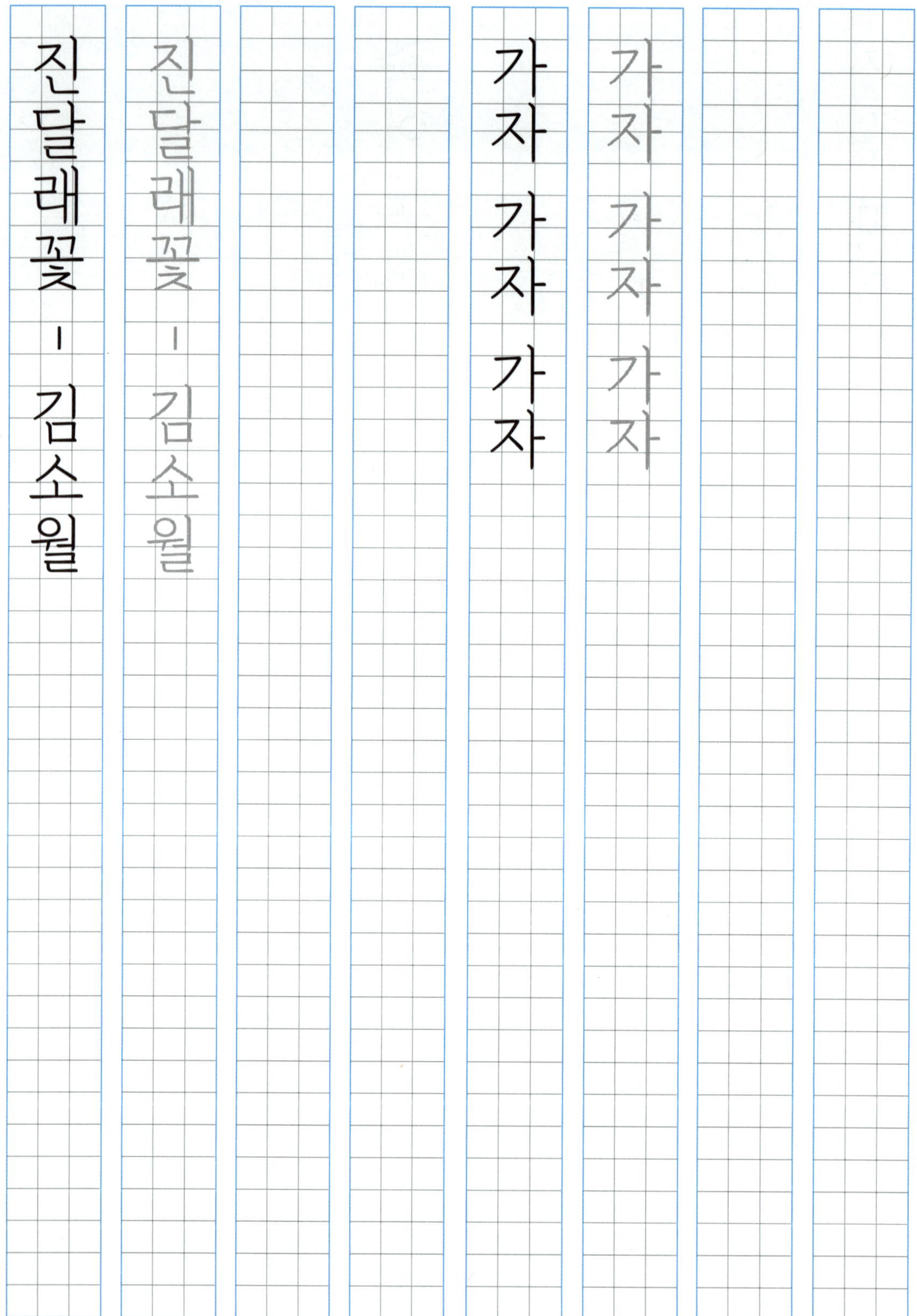

가자 가자 가자

가자 가자 가자

진달래꽃 - 김소월

진달래꽃 - 김소월

달 조각을 주우러

달 조각을 주우러

숲으로 가자

숲으로 가자

그믐밤 반딧불은

숲으로 가자

가자 가자

가자 가자

부서진 달 조각

부서진 달 조각

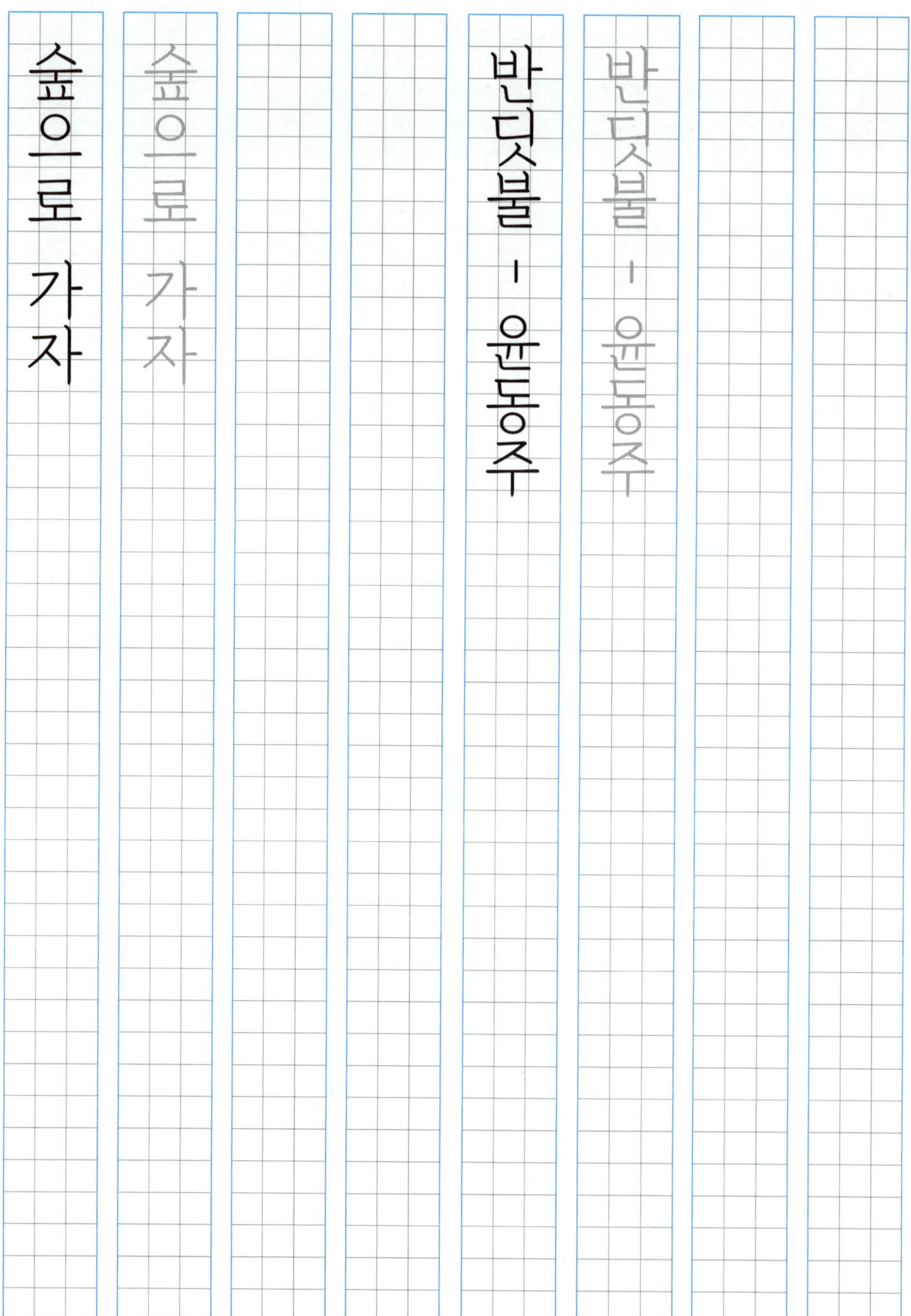

반디불 - 윤동주

반디불 - 윤동주

숲으로 가자

숲으로 가자

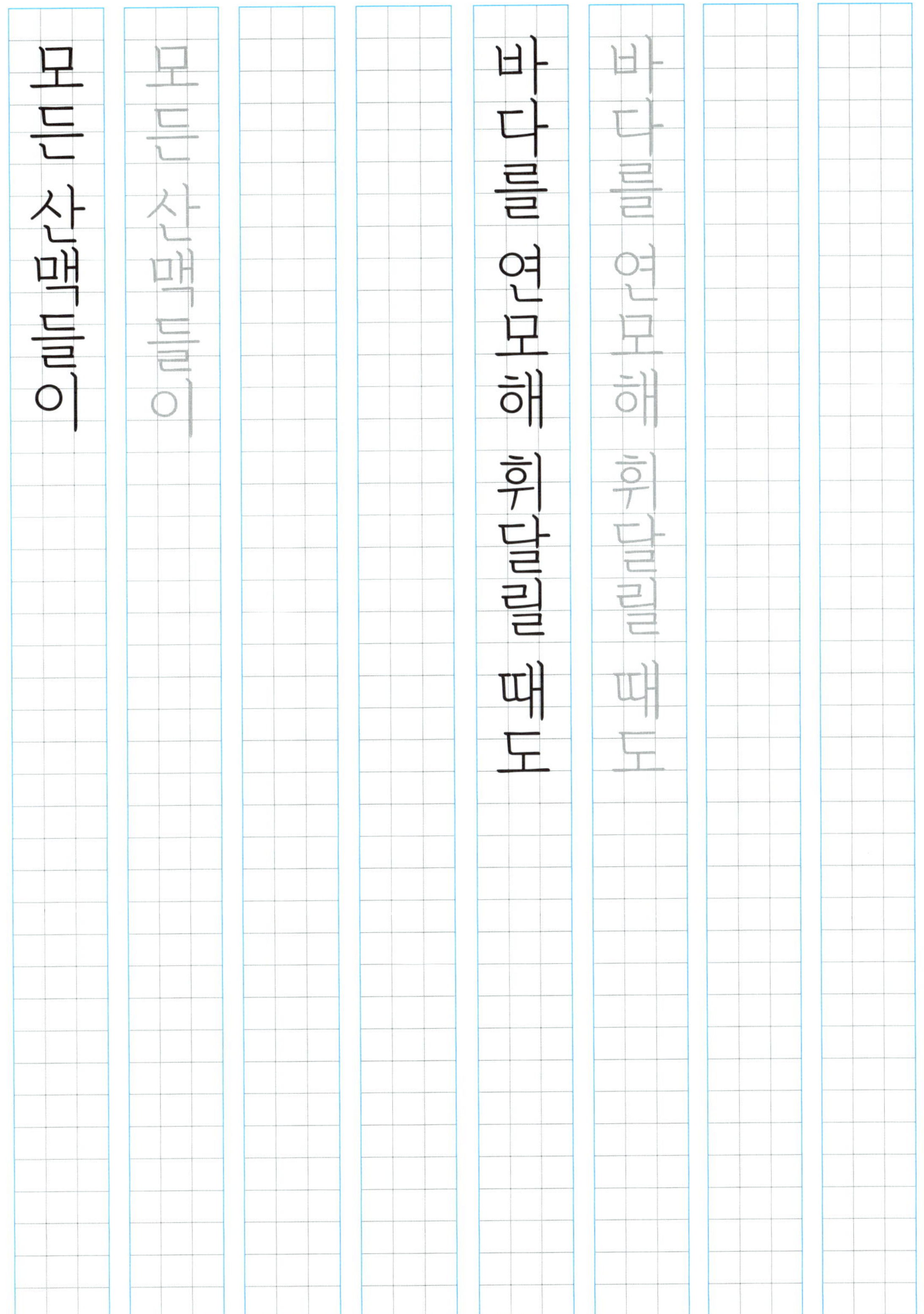

바다를 연모해 휘달릴 때도
모든 산맥들이

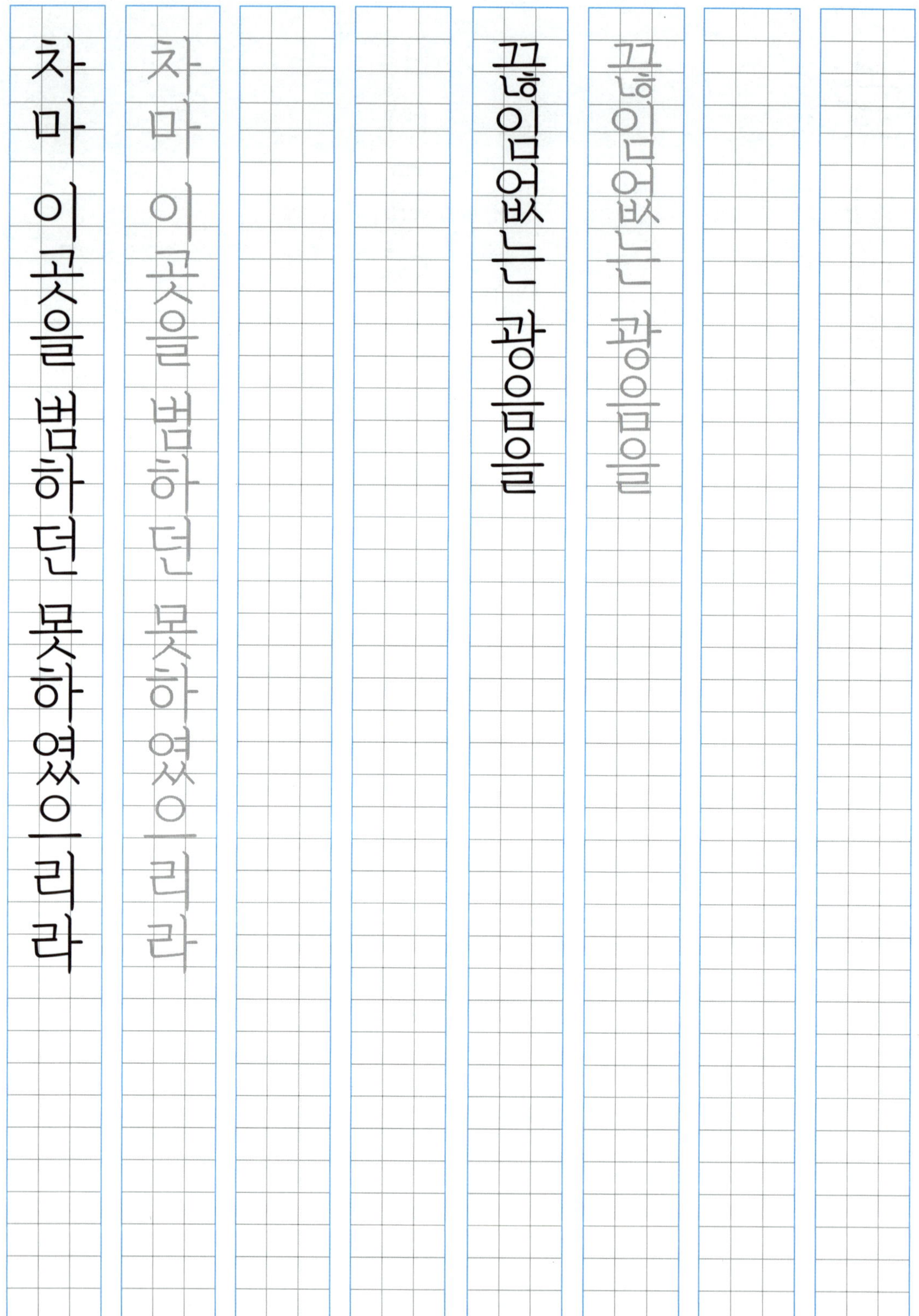
끊임없는 광음을
끊임없는 광음을
차마 이곳을 범하던 못하였으리라
차마 이곳을 범하던 못하였으리라

큰 강물이 비로소 길을 열었다

큰 강물이 비로소 길을 열었다

부지런한 계절이 피어서 지고

부지런한 계절이 피어서 지고

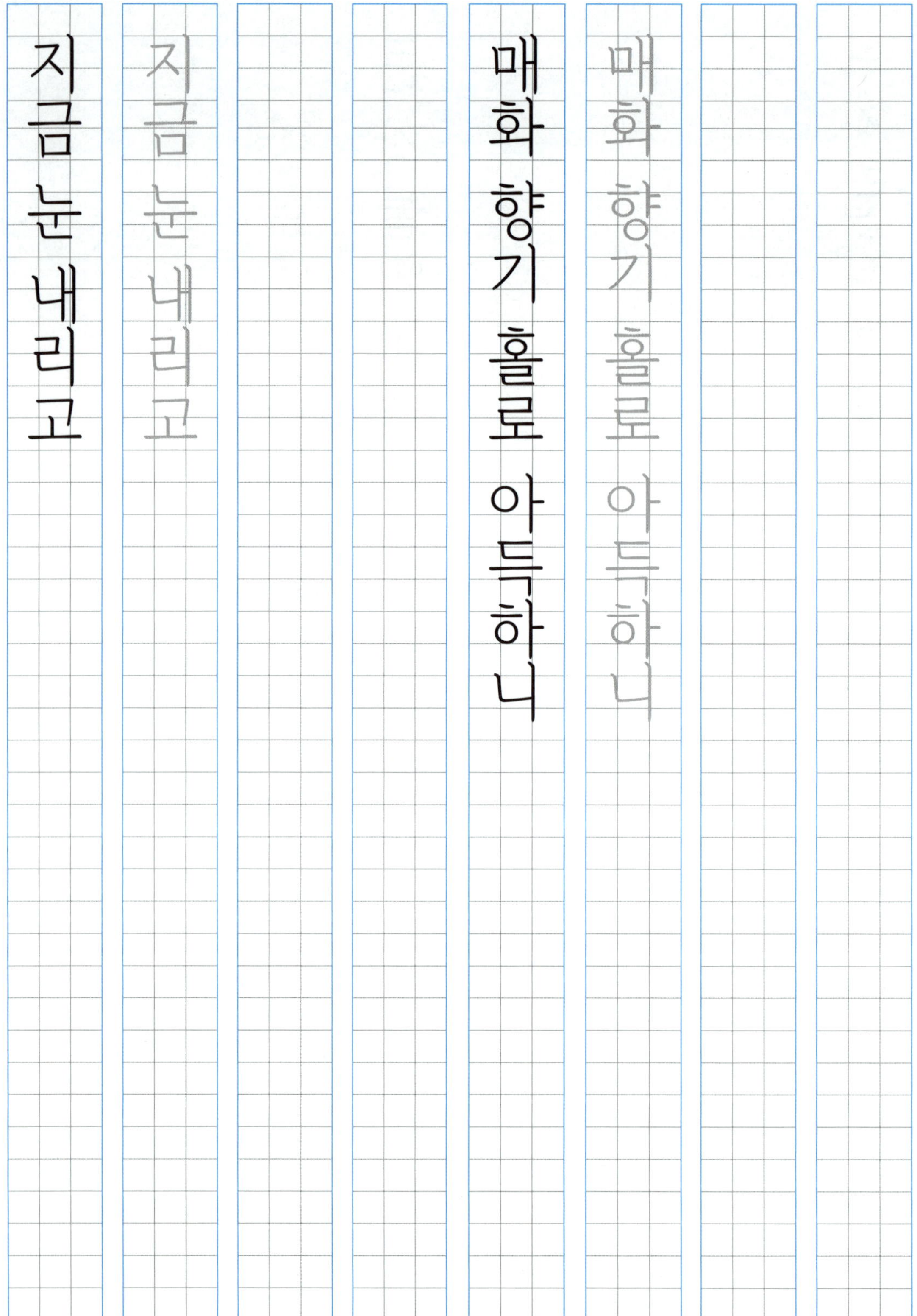

매화 향기 홀로 아득하니

지금 눈 내리고

다시 천고의 뒤에

다시 천고의 뒤에

내 여기 가난한 노래의 씨를 뿌려라

내 여기 가난한 노래의 씨를 뿌려라

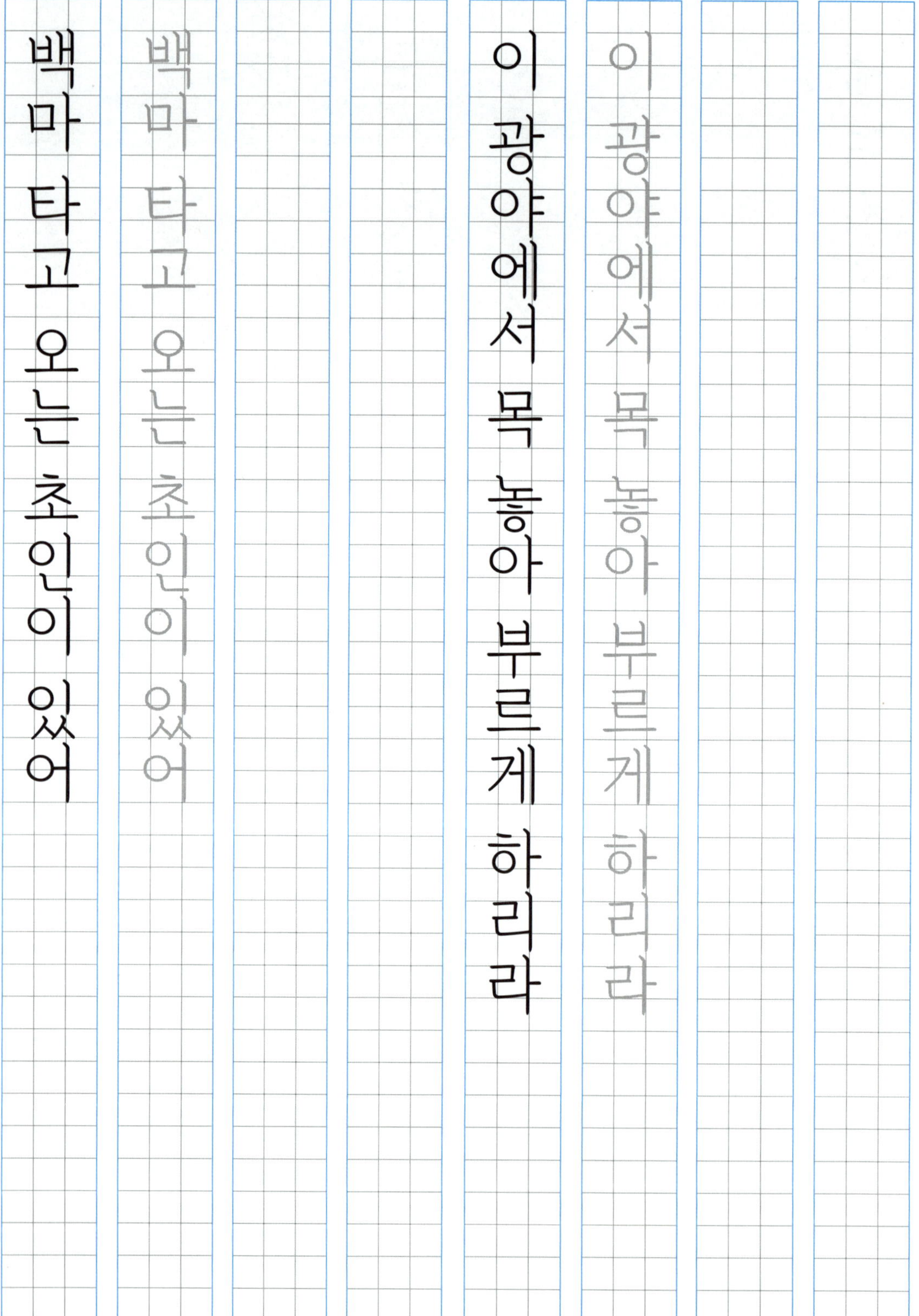
백마 타고 오는 초인이 있어
백마 타고 오는 초인이 있어
이 광야에서 목 놓아 부르게 하리라
이 광야에서 목 놓아 부르게 하리라

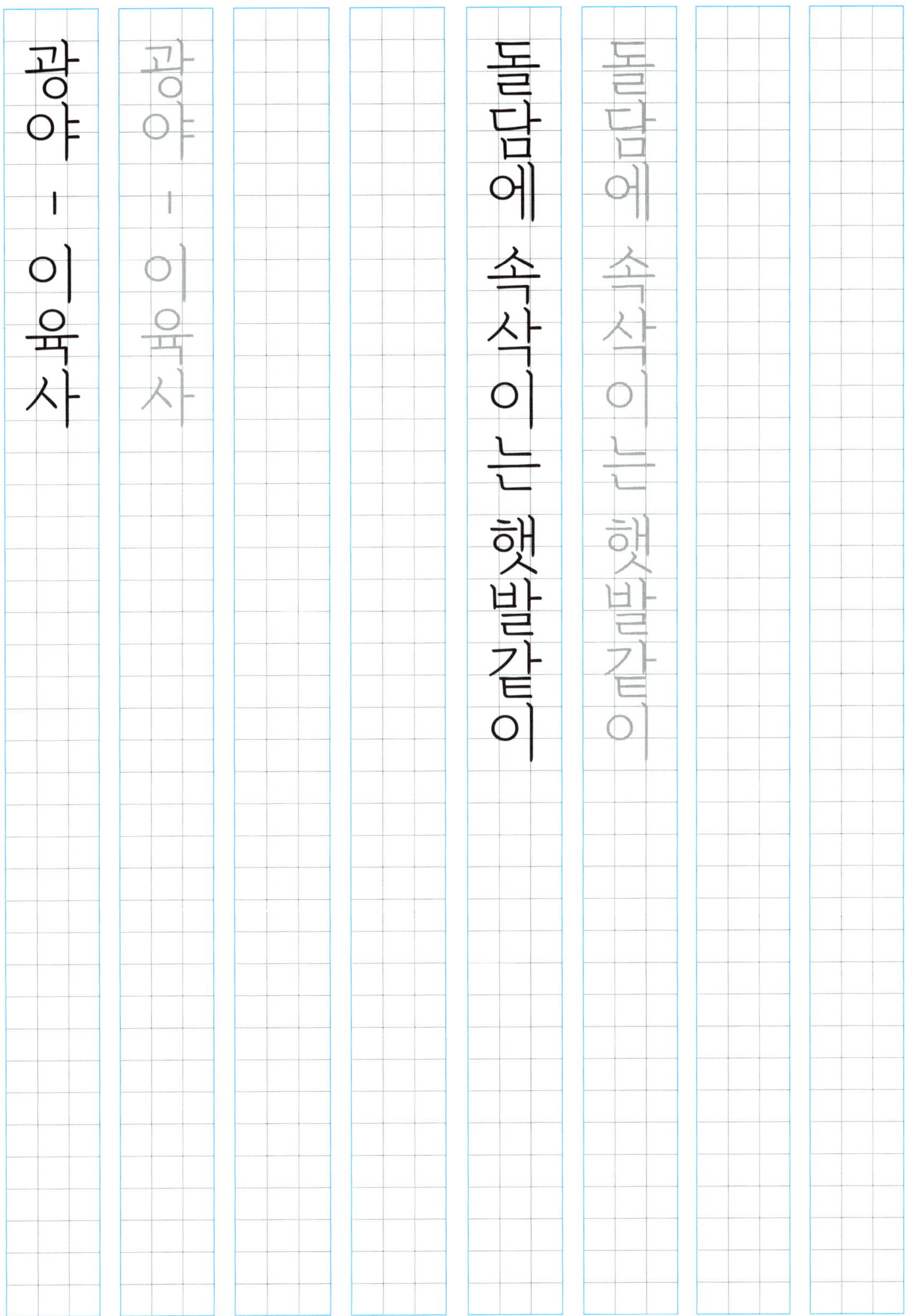
광야 - 이육사
돌담에 속삭이는 햇발같이

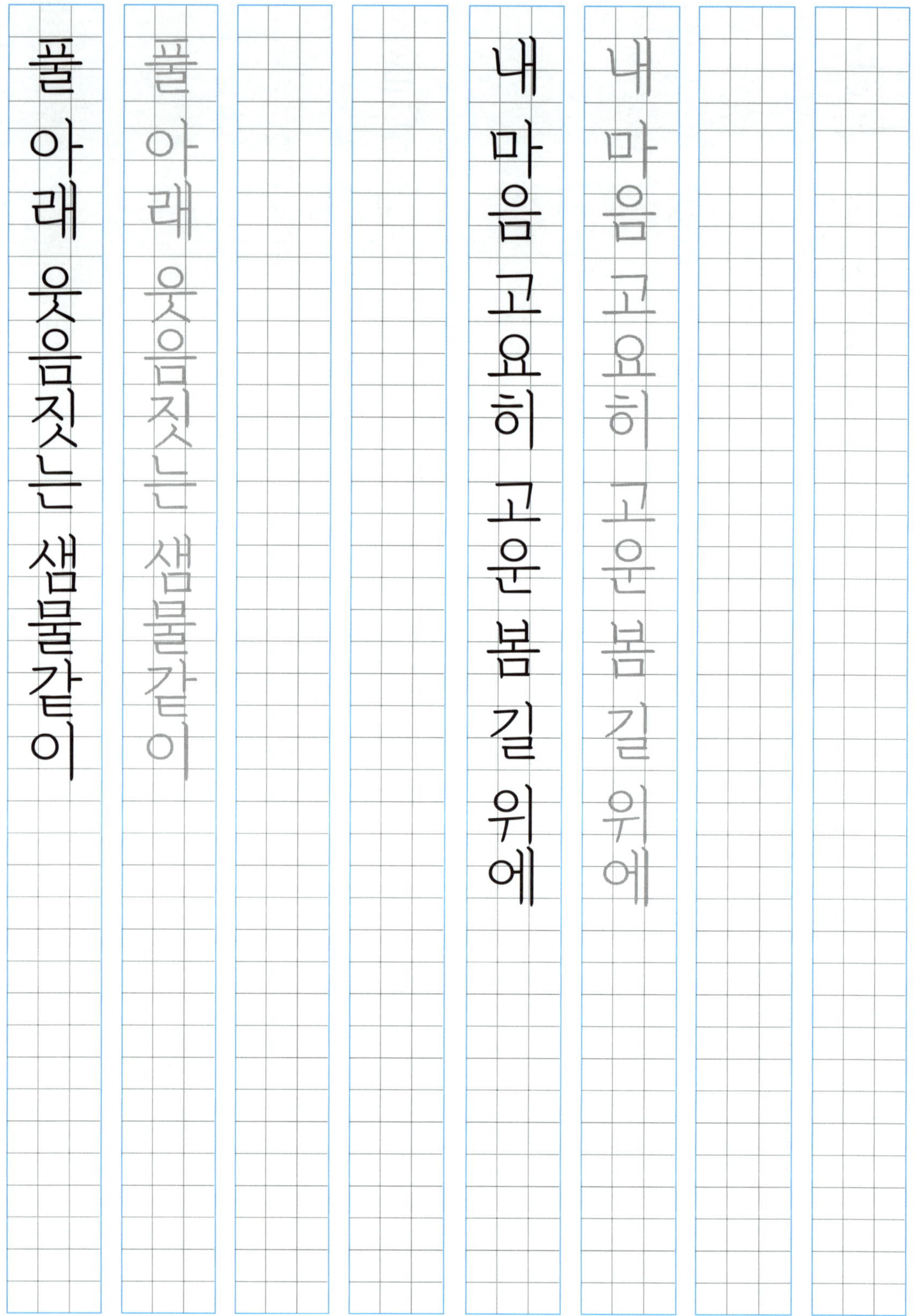

내 마음 고요히 고운 봄 길 위에

내 마음 고요히 고운 봄 길 위에

풀 아래 웃음짓는 샘물같이

풀 아래 웃음짓는 샘물같이

오늘 하루 하늘을 우러르고 싶다

오늘 하루 하늘을 우러르고 싶다

새악시 볼에 떠 오는 부끄럼같이

새악시 볼에 떠 오는 부끄럼같이

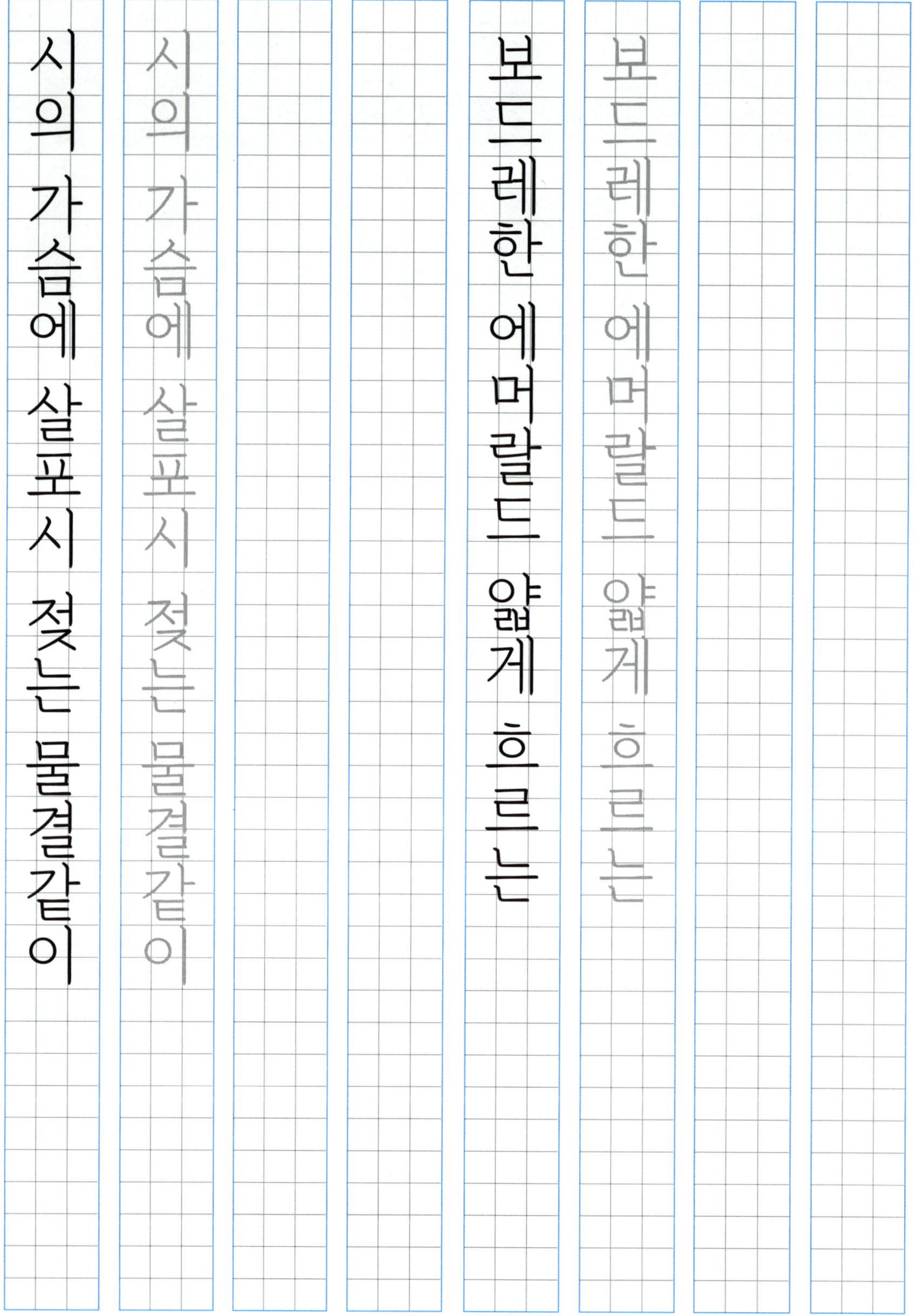
보드레한 어머랄드 얇게 흐르는
시의 가슴에 살포시 젖는 물결같이

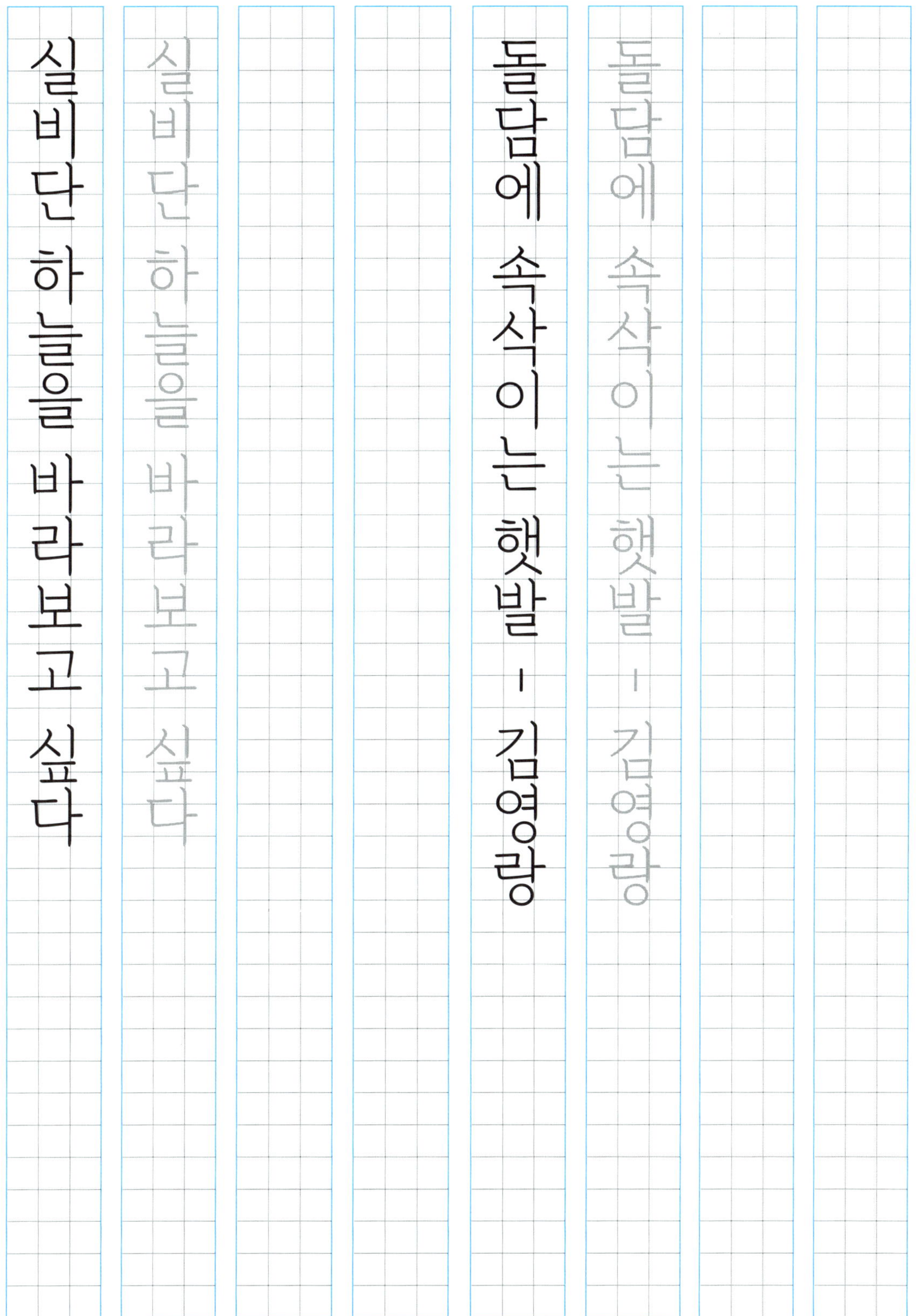

돌담에 속삭이는 햇발 - 김영랑

돌담에 속삭이는 햇발 - 김영랑

실비단 하늘을 바라보고 싶다

실비단 하늘을 바라보고 싶다

3단계

줄 노트에 가로세로쓰기

2단계에서 방안지에 쓰며 학습했으니, 이제 줄 노트를 활용해 짧은 단어부터 시작해 4자 단어, 문장, 속담, 시 문장까지 단계적으로 익히며 연습해 볼까요?

가로로 연습할 때는 위쪽을 더 여유 있게 남기고 아래 줄에 맞춰 쓰고, 세로는 오른쪽 줄에 맞춰 쓰면 균형을 맞추기가 쉽습니다.

한 줄에 한 단어씩 또는 여러 단어, 한 문장씩 크기 균형을 맞추어 정자체로 가로와 세로로 반듯하게 쓰는 연습을 합니다. 이때 다양한 크기의 글씨를 연습해도 좋습니다. 세상에 하루아침에 완성되는 것은 없듯이, 손글씨 또한 가장 쉬운 기초부터 긴 문장까지 연습을 차근차근 거쳐야 보기 좋은 글씨를 쓸 수 있습니다.

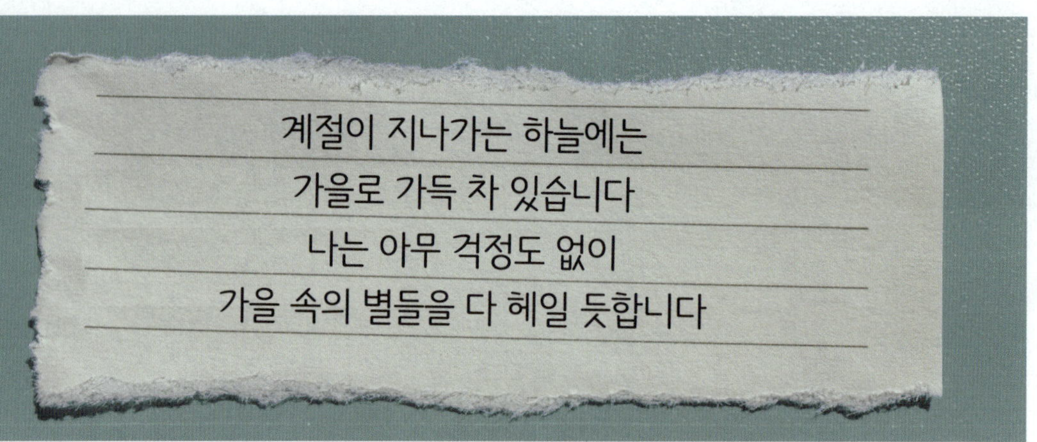

계절이 지나가는 하늘에는
가을로 가득 차 있습니다
나는 아무 걱정도 없이
가을 속의 별들을 다 헤일 듯합니다

꽃은 잔다 맑은 물 밑에
꽃은 잔다 흰 모래 우에
꽃은 잔다 그 맑은 향내
그 고운 빛이 물에 잠겨서
바람이 와서 꽃을 깨웠다
그러나 꽃은 깨지 않는다.
꿈 하나 없는 고운 잠에서
꽃은 잔다 때가 오도록
꽃은 잔다 기다리면서
운명이 정한 한낱 소리가
꽃을 불러 깨울 때까지

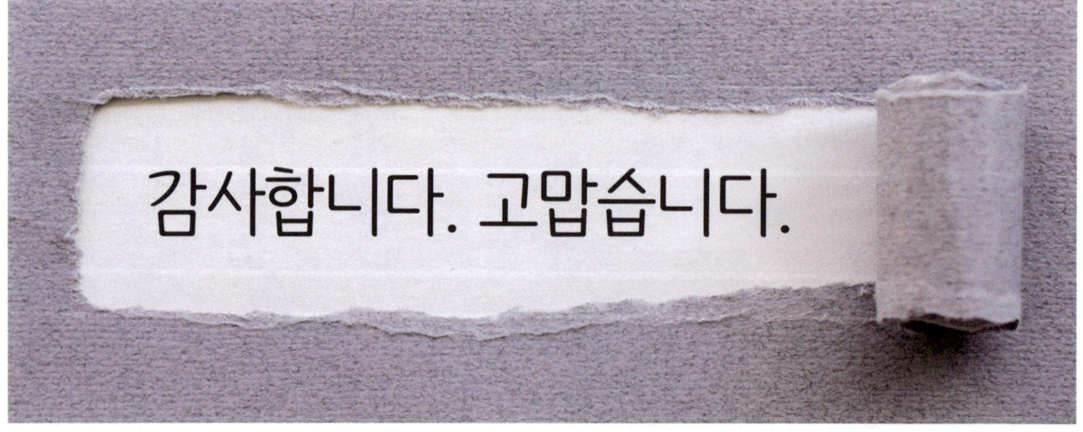

감사합니다. 고맙습니다.

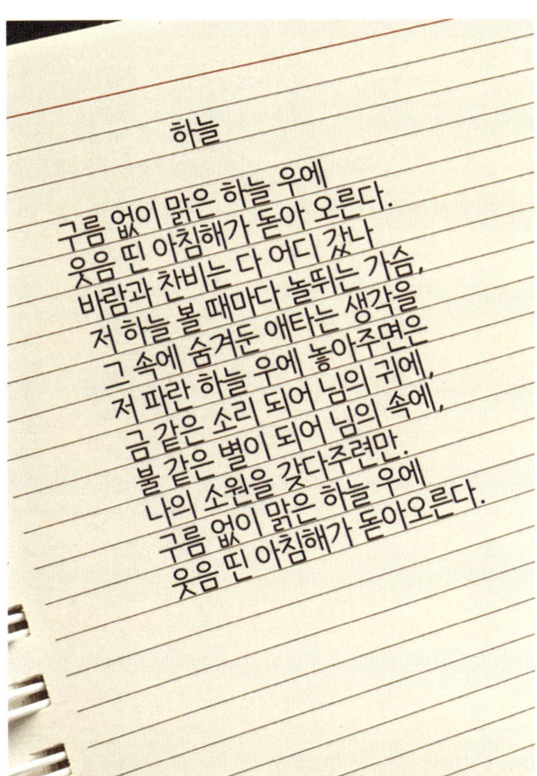

하늘

구름 없이 맑은 하늘 우에
웃음 띤 아침해가 돋아 오른다.
바람과 찬비는 다 어디 갔나
저 하늘 볼 때마다 놀뛰는 가슴,
그 속에 숨겨둔 애타는 생각을
저 파란 하늘 우에 놓아주면은
금 같은 소리 되어 님의 귀에,
불 같은 별이 되어 님의 속에,
나의 소원을 갖다주련만.
구름 없이 맑은 하늘 우에
웃음 띤 아침해가 돋아오른다.

햇살보다 환한 당신의 미소
있는 그대로도 아름다워
포기하지 않는 마음이 답이다
언제나 당신을 응원합니다!
내일은 오늘보다 밝다
마음이 머무는 곳이 집이다
평범해서 더 소중한 오늘

겨울이면
떠오르는 낯익은 군고구마와
달콤한 붕어빵

손편지를 쓰고
싶은 날이 많아서,
손편지를
기다리는 날도
많아서…

정자체 짧은 단어, 4자 단어 가로쓰기

짧은 단어, 4자 단어를 방안지 대신 줄 노트의 기준선 중앙에 맞추거나 아랫줄에 맞춰 정자체로 바르게 가로로 써 봅니다. 단어를 세심하게 눈으로 익히며 앞에서 배운 원리를 잘 기억하면서 하나하나 따라 쓰는 방식으로 연습합니다. 글씨는 하나의 특색보다는 전체의 조화에서 더욱 예뻐지므로 크기의 통일성이 중요하니, 일정한 칸을 두고 씁니다.

강아지　　모기　　냄비　　바가지　　우산
강아지　　모기　　냄비　　바가지　　우산

선물　　은혜　　설레임　　산책　　미소
선물　　은혜　　설레임　　산책　　미소

단팥빵　　찹쌀　　송편　　인절미　　절편
단팥빵　　찹쌀　　송편　　인절미　　절편

새콤달콤　달보드레　또박또박　사르르
새콤달콤　달보드레　또박또박　사르르

오곡밥　단호박　팥빙수　청국장
오곡밥　단호박　팥빙수　청국장

하늘하늘　집들이　잠꾸러기　햇님달님
하늘하늘　집들이　잠꾸러기　햇님달님

주룩주룩　산들산들　소복소복　땡그랑
주룩주룩　산들산들　소복소복　땡그랑

버터구이　　누네띠네　　요구르트　　동그랑땡
버터구이　　누네띠네　　요구르트　　동그랑땡

샌드위치　　양념치킨　　계란말이　　코카콜라
샌드위치　　양념치킨　　계란말이　　코카콜라

손목시계　　쓰레기통　　휴대전화　　모래시계
손목시계　　쓰레기통　　휴대전화　　모래시계

미세먼지　　붉은노을　　뭉게구름　　푸른하늘
미세먼지　　붉은노을　　뭉게구름　　푸른하늘

일편단심　술래잡기　촛불집회　황금어장

동치미　두루치기　배추김치　다이어트

공기놀이　종이접기　제기차기　바이올린

프로그램　동서남북　국어사전　신데렐라

줄 노트에 문장 쓰기를 할 때도 긴 문장보다는 짧고 감각적인 문장으로 연습하는 것이 글씨를 잘 쓰는 길입니다. 노트에 쓰는 방법은 우선 기준을 잘 잡아야 합니다. 한 줄에 꽉 차게 쓰기보다는 윗부분에 여유를 두고 글씨를 쓰면 답답한 느낌도 해소되고, 아랫줄에 기준을 맞춰 쓰면 글씨가 오르락내리락하지 않게 쓸 수 있습니다. 연습을 거듭할수록 글씨가 한층 더 깔끔해지는 게 느껴지시죠?

잘 될거야!   너라면 충분해   괜찮아

잘 될거야!   너라면 충분해   괜찮아

우리 내일 만나자   내일 시간 괜찮아?

우리 내일 만나자   내일 시간 괜찮아?

그 카페는 경치가 멋져요!

그 카페는 경치가 멋져요!

오늘도 화이팅!   오늘을 응원해!
오늘도 화이팅!   오늘을 응원해!

늘 편이 되어줄게요
늘 편이 되어줄게요

하고 싶은 거 하고 살아!
하고 싶은 거 하고 살아!

인생 노빠꾸야   일단 가보자
인생 노빠꾸야   일단 가보자

햇살 좋은날!　　햇살이 가득한 하루!

햇살 좋은날!　　햇살이 가득한 하루!

수고했어 오늘도　　오늘도 충분히 잘했어

수고했어 오늘도　　오늘도 충분히 잘했어

꽃길만 걸어요　　걸음마다 꽃이 피어나길

꽃길만 걸어요　　걸음마다 꽃이 피어나길

삶이 불러주는 우리들의 블루스

삶이 불러주는 우리들의 블루스

하루하루가 선물입니다!

하루하루가 선물입니다!

생일 축하해　　네가 있어 오늘이 특별해

생일 축하해　　네가 있어 오늘이 특별해

천국에서 별처럼 우리를 비추겠지

천국에서 별처럼 우리를 비추겠지

오늘도 싱글벙글　　오늘도 미소 한가득

오늘도 싱글벙글　　오늘도 미소 한가득

기분 좋은 설레임　　오늘의 설레임

기분 좋은 설레임　　오늘의 설레임

토닥토닥 힘내요　　토닥토닥 괜찮아요

토닥토닥 힘내요　　토닥토닥 괜찮아요

언제나 내 편이 되어줘서 고마워

언제나 내 편이 되어줘서 고마워

그날이 나의 터닝 포인트였다

그날이 나의 터닝 포인트였다

오늘 뭐 먹지　　　오늘은 무슨 맛일까
오늘 뭐 먹지　　　오늘은 무슨 맛일까

발길 닿는 대로 마음 가는 대로
발길 닿는 대로 마음 가는 대로

하루에 한 번 하늘과 눈 마주치기
하루에 한 번 하늘과 눈 마주치기

아프지 말고 오래오래 웃자
아프지 말고 오래오래 웃자

정자체 속담 가로쓰기

줄 노트는 공부할 때나 업무를 정리할 때, 또는 편지를 쓸 때 꼭 필요합니다. 그런데 막상 노트에 글씨를 쓰려고 하면 막막할 때가 있었을 겁니다. 이런 분들을 위해 속담을 줄 노트에 따라 쓰며 연습합니다. 계속해서 노력하다 보면 예쁘고 깔끔하게 편지도 쓰고, 노트 정리도 잘할 수 있게 될 것입니다.

호랑이 굴에 가야 호랑이를 잡는다

호랑이 굴에 가야 호랑이를 잡는다

돌다리도 두들겨 보고 건너라

돌다리도 두들겨 보고 건너라

콩 심은 데 콩 나고 팥 심은 데 팥 난다

콩 심은 데 콩 나고 팥 심은 데 팥 난다

될성부른 나무는 떡잎부터 안다

될성부른 나무는 떡잎부터 안다

길고 짧은 것은 대어 보아야 안다

길고 짧은 것은 대어 보아야 안다

코에 걸면 코걸이 귀에 걸면 귀걸이

코에 걸면 코걸이 귀에 걸면 귀걸이

천 냥 빚도 말 한마디로 갚는다

천 냥 빚도 말 한마디로 갚는다

하늘은 스스로 돕는 자를 돕는다
하늘은 스스로 돕는 자를 돕는다

웃는 얼굴에 침 못 뱉는다
웃는 얼굴에 침 못 뱉는다

사공이 많으면 배가 산으로 간다
사공이 많으면 배가 산으로 간다

물에 빠진 사람 지푸라기라도 잡는다
물에 빠진 사람 지푸라기라도 잡는다

얌전한 고양이가 부뚜막에 먼저 올라간다
얌전한 고양이가 부뚜막에 먼저 올라간다

가는 정이 있어야 오는 정이 있다
가는 정이 있어야 오는 정이 있다

믿는 도끼에 발등 찍힌다
믿는 도끼에 발등 찍힌다

열 번 찍어 안 넘어가는 나무 없다
열 번 찍어 안 넘어가는 나무 없다

윤동주의 〈별 헤는 밤〉, 〈호주머니〉 김소월의 〈엄마야 누나야〉, 〈진달래꽃〉 정지용의 〈별똥별〉 등 시인들의 시 구절을 줄 노트에 정자체로 가로로 써 봅니다. 이때 너무 좁으면 답답하고, 너무 넓으면 흩어져 보이므로 가독성을 생각하며 적절한 자간을 유지해 씁니다. 좋은 시 구절을 손으로 마음을 따라 적어 내려가는 과정은 몰입과 평온함을 줍니다.

가슴속에 하나 둘 새겨지는 별을

이제 다 못 헤는 것은

쉬이 아침이 오는 까닭이요

내일 밤이 남은 까닭이요

아직 나의 청춘이 다하지 않은 까닭입니다

별 하나에 추억과

별 하나에 사랑과

별 하나에 쓸쓸함과

별 하나에 동경과

별 하나에 시와

별 하나에 어머니, 어머니,

별 헤는 밤 - 윤동주

가슴속에 하나 둘 새겨지는 별을
이제 다 못 헤는 것은
쉬이 아침이 오는 까닭이요
내일 밤이 남은 까닭이요
아직 나의 청춘이 다하지 않은 까닭입니다

별 하나에 추억과
별 하나에 사랑과
별 하나에 쓸쓸함과
별 하나에 동경과
별 하나에 시와
별 하나에 어머니, 어머니,

별 헤는 밤 - 윤동주

가슴속에 하나 둘 새겨지는 별을
이제 다 못 헤는 것은
쉬이 아침이 오는 까닭이요
내일 밤이 남은 까닭이요
아직 나의 청춘이 다하지 않은 까닭입니다

별 하나에 추억과
별 하나에 사랑과
별 하나에 쓸쓸함과
별 하나에 동경과
별 하나에 시와
별 하나에 어머니, 어머니,

별 헤는 밤 - 윤동주

가슴속에 하나 둘 새겨지는 별을
이제 다 못 헤는 것은
쉬이 아침이 오는 까닭이요
내일 밤이 남은 까닭이요
아직 나의 청춘이 다하지 않은 까닭입니다

별 하나에 추억과
별 하나에 사랑과
별 하나에 쓸쓸함과
별 하나에 동경과
별 하나에 시와
별 하나에 어머니, 어머니,

별 헤는 밤 - 윤동주

넣을 것 없어
걱정이던
호주머니는,
겨울만 되면
주먹 두 개 갑북갑북
호주머니 - 윤동주

넣을 것 없어
걱정이던
호주머니는,
겨울만 되면
주먹 두 개 갑북갑북
호주머니 - 윤동주

넣을 것 없어

엄마야 누나야 강변 살자
들에는 반짝이는 금모래 빛
뒷문 밖에는 갈잎의 노래
엄마야 누나야 강변 살자

엄마야 누나야 - 김소월

엄마야 누나야 강변 살자
들에는 반짝이는 금모래 빛
뒷문 밖에는 갈잎의 노래
엄마야 누나야 강변 살자

엄마야 누나야 - 김소월

별똥 떨어진곳
마음에 두었다
다음날 가보려
벼르다 벼르다
이젠 다 자랐소
별똥별 – 정지용

별똥 떨어진곳
마음에 두었다
다음날 가보려
벼르다 벼르다
이젠 다 자랐소
별똥별 – 정지용

나 보기가 역겨워
가실 때에는
말없이 고이 보내 드리우리다
영변에 약산
진달래꽃
진달래꽃 - 김소월

나 보기가 역겨워
가실 때에는
말없이 고이 보내 드리우리다
영변에 약산
진달래꽃
진달래꽃 - 김소월

정자체 짧은 단어, 4자 단어 세로쓰기

줄 노트에 세로쓰기를 할 때도 기준을 잘 잡아야 합니다. 여백 없이 한 줄에 꽉 차게 쓰기보다는 약간 여유를 두고 중앙에 맞춰 쓰거나 왼쪽에 여유를 두고 오른쪽에 기준을 맞춰 쓰면 글씨를 쓰면 답답한 느낌도 해소되고, 글씨가 오르락내리락하지 않고 시선이 위에서 아래로 자연스럽게 이어지게 쓸 수 있습니다.

소금빵　버터빵　찹쌀빵　붕어빵

갈비찜　도시락　육개장　불고기

간식　커피　파란　유리　구두

노을빛 황금빛 길거리 눈높이 바닷가

청포도 생과일 국화빵 잉어빵 핫도그

고슴도치 세숫비누 개구쟁이 스테이크

삼각김밥 삼각김밥

방방곡곡 방방곡곡

막대사탕 막대사탕

백설공주 백설공주

닭볶음탕 닭볶음탕

브로콜리 브로콜리

호랑나비 호랑나비

국민은행 국민은행

연지곤지 연지곤지

두부김치 두부김치

라면사리 라면사리

해외여행 해외여행

수구초심　권토중래　우공이산　청출어람

동문서답　구사일생　권선징악　유비무환

금상첨화　사면초가　진퇴양난　일석이조

정자체 문장 세로쓰기

줄 노트에 문장 쓰기는 한 글자 한 글자의 모양은 물론, 글자 간의 간격, 단어 사이의 간격, 그리고 문장 전체의 흐름과 균형까지 종합적으로 고려하며 쓰는 연습입니다. 문장의 내용을 음미하며 쓰면 지루함도 덜고 집중력 유지에도 도움이 됩니다.

마음이 나비처럼 훨훨 가벼워졌다

즐거운 하루 기분 좋은 하루 행복한 하루

조금 느려도 괜찮아 자기 속도로 가면 돼

왜 그랬을까

그땐 왜 그랬지

이유가 있었을까

왜 그랬을까

그땐 왜 그랬지

이유가 있었을까

따뜻한 우리집

따뜻한 우리집

행복한 우리집

행복한 우리집

우린 할 수 있다

우린 할 수 있다

우리는 해낼 거야

우리는 해낼 거야

참 좋은 너

있는 그대로 좋은 너

고마운 너

참 좋은 너

있는 그대로 좋은 너

고마운 너

내 마음이 들리니

이 마음 느껴지니

내 마음이 들리니

이 마음 느껴지니

기회는 다시 찾아온다

기다림 끝에 기회가 있다

기회는 다시 찾아온다

기다림 끝에 기회가 있다

네가 꽃으로 보는 순간 나는 봄이었다

네가 꽃으로 보는 순간 나는 봄이었다

그 사람 말엔 구수한 된장찌개 맛 같은 정이 있다

그 사람 말엔 구수한 된장찌개 맛 같은 정이 있다

문득 돌아보니 어느새 이 나이가 되었구나

문득 돌아보니 어느새 이 나이가 되었구나

뭘 드릴까요

원하시는 메뉴 있으세요

오늘 정말 화창한 날이네요

햇살이 눈부시네요

도와줘서 항상 고마워

언제나 감사해요

괜찮습니다

마음 써주셔서 감사합니다

괜찮습니다

마음 써주셔서 감사합니다

김이 모락모락 오르는 마음까지 따뜻한 저녁 밥상

김이 모락모락 오르는 마음까지 따뜻한 저녁 밥상

심쿵한 저녁

괜히 설레는 저녁

달콤한 저녁

심쿵한 저녁

괜히 설레는 저녁

달콤한 저녁

줄 노트에 속담을 중앙에 맞추어 정자체로, 세로쓰기를 해 봅니다. 속담의 내용을 음미하며 글씨를 쓰면 집중력도 높아지고 지루함도 덜 수 있습니다. 조용하고 집중하기 좋은 나만의 공간에서 좋아하는 음악을 들으며 달콤한 차 한 잔과 함께 속담 한 줄이라도 글씨로 쓰는 시간을 갖습니다.

겨울이 있어야 봄도 온다

고장 난 시계도 하루에 두 번은 맞는다

하룻강아지 범 무서운 줄 모른다

벼는 익을수록 고개를 숙인다

벼는 익을수록 고개를 숙인다

열 길 물속은 알아도 한 길 사람 속은 모른다

열 길 물속은 알아도 한 길 사람 속은 모른다

누울 자리 보고 발 뻗는다

누울 자리 보고 발 뻗는다

낮말은 새가 듣고 밤말은 쥐가 듣는다

낮말은 새가 듣고 밤말은 쥐가 듣는다

떡 줄 사람은 생각도 않는데 김칫국부터 마신다

떡 줄 사람은 생각도 않는데 김칫국부터 마신다

늦게 배운 도둑이 날 새는 줄 모른다

늦게 배운 도둑이 날 새는 줄 모른다

구르는 돌에는 이끼가 끼지 않는다

구르는 돌에는 이끼가 끼지 않는다

책이 좋으면 도둑도 벗어난다

책이 좋으면 도둑도 벗어난다

조개를 줍다가 진주를 줍는다

조개를 줍다가 진주를 줍는다

정자체 시 문장 세로쓰기

줄 노트에 정자체 세로로 윤동주의 〈별 헤는 밤〉, 〈호주머니〉 김소월의 〈엄마야 누나야〉, 〈진달래꽃〉, 정지용의 〈별똥별〉 등 오래도록 기억되는 시 문장을 오른쪽 줄에 기준을 잡아 맞춰 시인의 마음으로 한 줄 한 줄 따라 써 봅니다. 이렇게 연습한 후 자신감이 생기면 마음을 움직이는 시 한 줄을 예쁜 종이에 써서 책상 앞에 붙여 두거나 친구에게 선물해 보세요. 더욱 즐거운 시간이 될 것입니다.

가슴속에 하나 둘 새겨지는 별을
이제 다 못 헤는 것은
쉬이 아침이 오는 까닭이요
내일 밤이 남은 까닭이요
아직 나의 청춘이 다하지 않은 까닭입니다
별 하나에 추억과
별 하나에 사랑과
별 하나에 쓸쓸함과
별 하나에 동경과
별 하나에 시와
별 하나에 어머니 어머니
별 헤는 밤 - 윤동주

가슴속에 하나 둘 새겨지는 별을

이제 다 못 헤는 것은

쉬이 아침이 오는 까닭이요

내일 밤이 남은 까닭이요

아직 나의 청춘이 다하지 않은 까닭입니다

별 하나에 추억과

별 하나에 사랑과

별 하나에 쓸쓸함과

별 하나에 동경과

별 하나에 시와

별 하나에 어머니 어머니

별 헤는 밤 - 윤동주

가슴속에 하나 둘 새겨지는 별을

이제 다 못 헤는 것은

쉬이 아침이 오는 까닭이요

내일 밤이 남은 까닭이요

아직 나의 청춘이 다하지 않은 까닭입니다

별 하나에 추억과

별 하나에 사랑과

별 하나에 쓸쓸함과

별 하나에 동경과

별 하나에 시와

별 하나에 어머니 어머니

별 헤는 밤 - 윤동주

넣을 것 없어
걱정이던
호주머니는
겨울만 되면
주먹 두 개 갑북갑북

호주머니 - 윤동주

넣을 것 없어
걱정이던
호주머니는
겨울만 되면
주먹 두 개 갑북갑북

호주머니 - 윤동주

엄마야 누나야 강변 살자
들에는 반짝이는 금모래 빛
뒷문 밖에는 갈잎의 노래
엄마야 누나야 강변 살자
엄마야 누나야 - 김소월

엄마야 누나야 강변 살자
들에는 반짝이는 금모래 빛
뒷문 밖에는 갈잎의 노래
엄마야 누나야 강변 살자
엄마야 누나야 - 김소월

별똥 떨어진곳
마음에 두었다
다음날 가보려
벼르다 벼르다
이젠 다 자랐소

별똥별 - 정지용

별똥 떨어진곳
마음에 두었다
다음날 가보려
벼르다 벼르다
이젠 다 자랐소

별똥별 - 정지용

나보기가 역겨워

가실 때에는

말없이 고이 보내 드리우리다

영변에 약산

진달래꽃

진달래꽃 - 김소월

나보기가 역겨워

가실 때에는

말없이 고이 보내 드리우리다

영변에 약산

진달래꽃

진달래꽃 - 김소월

부록

생활 속에 필요한 서식 쓰기

숫자, 부호, 경조사 문구, 일반 서식, 원고지, 편지, 엽서, 경조사
봉투, 교정부호 등 일상생활에 필요한 서식을 써 보세요.

아라비아 숫자 쓰기

숫자는 한글보다 단순하고 쉽게 쓸 수 있습니다. 열 개의 숫자는 곡선과 직선으로 이루어져 있으며, 그중 1, 4, 7을 제외한 숫자들은 모두 곡선 형태를 가지고 있습니다. 2, 3, 5는 같은 방향으로 곡선이 이어지고, 6, 8, 9, 0은 반대 방향으로 곡선이 움직입니다. 여러 숫자를 함께 쓸 때는 숫자 사이의 간격과 크기를 일정한 비율로 맞춰 쓰는 연습이 필요합니다.

1 2 3 4 5 6 7 8 9 0

1 2 3 4 5 6 7 8 9 0

1 2 3 4 5 6 7 8 9 0

1 2 3 4 5 6 7 8 9 0

기호 쓰기

작은 점이나 선 하나가 달라져도 인상이 달라지기 때문에, 각 기호의 모양과 비율을 정확히 이해한 다음 기호마다 지닌 기본 형태와 여백의 균형을 익힌다면 보다 깔끔하고 안정감 있는 모양을 만들 수 있습니다. 여러 기호를 함께 쓸 때는 간격과 크기를 일정하게 맞추는 습관을 들이면 전체적인 글씨가 단정하고 조화롭게 보입니다.

축합격 　축입학 　축졸업 　축우승

축당선 　축입선 　축승진 　축성전

축결혼 　축화혼 　축성혼 　축영전

축생일 　축생신 　축환갑 　축수연

조 의 　추 모 　큰 조 　기쾌유

조 의 　추 모 　큰 조 　기쾌유

축번영 　축준공 　축완공 　부 의

축번영 　축준공 　축완공 　부 의

축입주 　축개업 　축창립 　축발전

축입주 　축개업 　축창립 　축발전

축희연 　축개관 　축개원 　축이전

축희연 　축개관 　축개원 　축이전

일기 쓰기

일기는 흔히 하루의 일을 적는 글로 생각되지만, 그 범위는 훨씬 넓습니다. 여행을 기록하는 기행일기, 병상에서의 경험을 담는 병상일기, 그림으로 표현하는 그림일기, 자연이나 사물을 관찰하며 적는 관찰일기 등 다양합니다. 단순히 하루를 적는 것 같지만, 자신을 돌아보고 생각을 정리하는 과정이기도 합니다. 형식에 얽매이지 않고 제목이나 방식을 개인의 취향에 따라 자유롭게 씁니다. 그렇게 쓰인 일기는 곧 자신만의 작은 역사가 되어 재미있고 의미 있는 기록으로 남습니다.

- 날짜와 장소 기록하기: 오늘이 언제였는지, 어디에서 썼는지를 간단히 적어 둡니다.
- 하루의 사건 정리하기: 오늘 있었던 일 중 기억에 남는 사건을 짧게 요약합니다.
- 느낌과 생각 적기: 단순히 사건만 적는 것보다, 그때 들었던 기분, 생각을 함께 적습니다.
- 자유롭게 표현하기: 문법이나 형식에 얽매이지 말고, 대화하듯 편하게 적는 게 좋습니다.

난중일기

이순신

1593년 5월 6일 맑음
간밤에 밤새도록 비가 쏟아져 개천이 철철 넘치고
농민의 소망이 이루어졌다.

5월 13일 맑음
산정에서 활쏘기, 편을 갈라서 자웅을 겨루게 한다.
해가 저물어 하산, 해월이 배에 그득한데 온갖 근심이
가슴에 들끓어서, 홀로 누워 뒹굴다가 닭이 울 무렵에
야 잠이 들었다.

1594년 1월 1일 비
비가 쏟아진다.
어머님을 모시고 함께 새해를 맞게 되니, 난리 중에서
도 다행한 일이다.

2025년 11월 19일 수요일 맑음

오늘은 늦가을의 공기가 한층 차가워졌다. 아침에 창문을 열자 서늘한 바람이 들어와 잠시 멈춰 서서 계절의 변화를 느꼈다.

학교에서는 평소보다 바쁜 하루였지만, 작은 성취가 있어 뿌듯했다.

점심시간에는 친구와 따뜻한 국밥을 먹으며 이런저런 이야기를 나누었는데, 소소한 대화 속에서 마음이 한결 가벼워졌다.

저녁에는 산책을 하며 노랗게 물든 은행잎을 바라보았다. 바람에 흩날리는 모습이 마치 작은 축제 같았다.

오늘 하루를 돌아보니, 특별한 사건은 없었지만 잔잔한 행복이 곳곳에 숨어 있었다.

내일은 조금 더 부지런히 움직여야겠다.

2025년 11월 19일 수요일 맑음

오늘은 늦가을의 공기가 한층 차가워졌다. 아침에 창문을 열자 서늘한 바람이 들어와 잠시 멈춰 서서 계절의 변화를 느꼈다.

학교에서는 평소보다 바쁜 하루였지만, 작은 성취가 있어 뿌듯했다.

점심시간에는 친구와 따뜻한 국밥을 먹으며 이런저런 이야기를 나누었는데, 소소한 대화 속에서 마음이 한결 가벼워졌다.

저녁에는 산책을 하며 노랗게 물든 은행잎을 바라보았다. 바람에 흩날리는 모습이 마치 작은 축제 같았다.

오늘 하루를 돌아보니, 특별한 사건은 없었지만 잔잔한 행복이 곳곳에 숨어 있었다.

내일은 조금 더 부지런히 움직여야겠다.

서간문(편지) 쓰기

① 정중히 써야 한다.
② 정감 있게 대화하듯 써야 한다.
③ 인사말은 서두에 쓴다.
④ 목적과 용건 등을 알아보기 쉽게 써야 한다.
⑤ 쉬운 말과 간결한 문장이 바람직하다.
⑥ 답장을 늦추지 말고 예의에 벗어나지 않도록 쓴다.

◆ 형식

편지는 목적이나 내용에 따라 형식을 달리할 수 있다.
그러나 일반적으로는 다음과 같이 쓰는 것이 보통이다.

1. 서문(본문에 앞서 인사말 등을 쓴다.)
   - 제목
   - 계절에 맞는 서두의 글
   - 안부, 문안을 여쭙는 말
   - 자기 자신의 소식

2. 본문(목적, 용건, 사연 등을 쓴다.)
   - 알기 쉽게 쓴다.
   - 명확하게 쓴다.
   - 간결한 문체로 쓴다.

3. 맺는 말(상대의 건강을 염려하거나, 내일에 대한 희망과 응원의 말로 글을 맺는다.)

4. 날짜와 이름을 쓴다.

5. 추신(덧붙임)
   추신은 중요한 용건을 빠뜨렸거나 내용을 한 번 더 강조하고 싶을 때 사용한다.
   이름 아래에 '추신'이라고 쓰고, 덧붙일 내용을 간단히 적는다.

친구야,
오늘은 그냥 네 생각이 나서 펜을 들었어.
특별한 이유는 없고, 안부가 궁금했어.
바쁜 하루 속에서도 네가 떠올랐거든.
늘 묵묵히 자기 몫을 해내는 네가 참 대단해.
가끔은 쉬어가도 괜찮다는 말도 해주고 싶고,
힘들 땐 혼자 참지 말라는 말도 남길게.
네 곁엔 언제나 내가 있다는 걸 기억해줘.
웃는 날엔 더 크게 웃고, 지치는 날엔 잠시 멈춰도 돼.
지금의 너 그대로 충분히 소중해.
항상 응원할게, 고마워.
너의 친구가

친구야,
오늘은 그냥 네 생각이 나서 펜을 들었어.
특별한 이유는 없고, 안부가 궁금했어.
바쁜 하루 속에서도 네가 떠올랐거든.
늘 묵묵히 자기 몫을 해내는 네가 참 대단해.
가끔은 쉬어가도 괜찮다는 말도 해주고 싶고,
힘들 땐 혼자 참지 말라는 말도 남길게.
네 곁엔 언제나 내가 있다는 걸 기억해줘.
웃는 날엔 더 크게 웃고, 지치는 날엔 잠시 멈춰도 돼.
지금의 너 그대로 충분히 소중해.
항상 응원할게, 고마워.
너의 친구가

원고지 쓰기

원고지에 쓸 때는 누구나 보고 알아볼 수 있게 또렷하게 써야하며 띄어쓰기와 단락은 분명하게 하여야 합니다.

❶ 제목은 두 번째 줄 가운데에 쓰고, 제목이 짧을 때에는 띄어쓰기에 관계없이 글자 사이를 한 칸씩 띄어 줍니다.

❷ 소속과 이름은 제목 다음 줄부터 오른쪽에 치우쳐서 쓰고 이름은 두 칸, 소속은 세 칸을 띄고 씁니다.

❸ 문단은 이름을 쓴 다음 줄을 비우고 그 다음 줄의 첫 칸을 띄고 씁니다.

❹ 줄의 끝에서는 띄울 칸이 없을 때는 V를 하고 그 다음 줄 첫 칸을 띄우지 않고 씁니다.

❺ 줄의 끝에서 마침표(.)와 쉼표(,)는 마지막 칸에 글자와 함께 쓰거나 원고지 밖에 씁니다.

❻ 큰따옴표와 작은따옴표가 있는 문장은 따옴표가 끝날 때까지 왼쪽 첫 칸은 모두 비웁니다.

❼ 따옴표가 붙은 글은 줄을 바꾸어서 시작하되 첫 칸을 비우고 씁니다.

❽ 모든 부호는 한 칸에 한 자씩 쓰고, 마침표와 따옴표는 한 칸에 함께 씁니다.

❾ 물음표, 느낌표는 한칸에 쓰고 다음 칸은 비웁니다. 물음표나 느낌표가 줄 끝에 오면 다음 줄에 씁니다.

❿ 한자리 숫자는 한 칸에 한자씩 쓰고 덩어리 숫자는 한 칸에 두 자씩 씁니다.

230

영 수 증

일금 삼백만원정
상기 금액을 ○○○ 대금으로
정히 영수함.

2028. 10. 20
윤복길   인

차성민씨 귀하

보 관 증

보관물품명 :   수량 :
상기 물품을 정히 보관함. 상기 물
품은 보관 의뢰인 고민영이 요구
하는 즉시 출고 하겠음.

2028. 10. 13
보관인주소 :
보관인성명 :   인

고민영 귀하

청 구 서

일금 300,000원정
내역 ○○○ 대금

상기 대금을 청구함.

2028. 5. 12
성인지업사

광성출판사 귀중

사 직 서

총무과
윤정희
본인은 개인적인 사정으로 인해
이직을 결심하게 되어 사직서를 제
출합니다.
앞으로의 회사 발전을 기원합니다.
퇴직 일자: 2028. 7. 20
차숙희   인

주식회사 광성물산 귀중

위 임 장

서울시 중랑구 상봉로 15길

서정만

본인은 상기 대리인을 선정하고
아래의 행위 및 권한을 위임함.
(단 복대리인을 선임함을 불허함.)

서울시 동대문구 이문동 375 정
길수에게 빌려준 차용액 일금 삼
천만원을 수령하는 건.

2028. 4. 19

서울시 중랑구 신내동 522-1

고민영   인

차 용 증

일금 삼백만원정
상기 금액을 정히 차용 하는 바,
이자는 월 2부로 하고 반제 기한은
2028년12월 30일로 함.

2028. 2. 30

서울시 중랑구 신내동 31길

차성민   인

윤복길 귀하

결 근 계

사원 윤정란

이번 코로나로 인하여
12월 5일부터 10일까지 5일 간
결근을 하겠기에 진단서를
첨부하여 결근계를 제출 합니다.

2028. 12. 4

윤정란   인

다인출판사대표 귀하

수 령 증

품명 :

수량 :

상기 물품을 정히 수령함.

2028. 10. 25

서울시 중랑구 신내동 31길

고민영   인

차성만 귀하

이 력 서

사진	성 명	윤 영 란	주민등록번호 650107-1647113

생년월일 서기 1990년 1월 7일생 만 27세

주소	서울특별시 중랑구 신내동 522-1(경춘빌라 나동 106호)

호적관계	호주와의 관계	장녀	호주성명	윤재만

년 월 일			학력 및 경력	발령청
2002년	2	10	마산 초등학교 졸업	
2008	1	27	마산 중학교 졸업	
2010	2	15	마산 고등학교 졸업	
2010	1	21	국민대학교 입학	
2015	9	10	국민대학교 졸업	
2016	9	15	주식회사 석호식품 입사	
2023	3	2	상기사 사직	
2024	상	벌	없음	
			상기 사실은 여히 상위 없음	
			2025년 11월 2일	
			위 윤 영 란	

엽서 쓰기

엽서는 길게 쓰지 않고, 짧고 따뜻한 마음을 담아 두세 문장 정도로 마무리하는 게 가장 자연스럽습니다.

① 받는 사람의 이름은 우체국에서 소인을 찍을 때 가리지 않을 만큼 적절한 위치에 씁니다.
② 받는 사람의 주소와 이름이 자신의 주소와 이름보다 더 크게 씁니다.
③ 엽서는 뒷면에 사연을 쓰는데 위, 아래, 좌, 우의 여백을 6cm 정도 여백을 남기고 씁니다.
④ 가로 줄 한 행에 15~20자 정도로 보통 10줄에서 12줄 정도가 적당합니다.

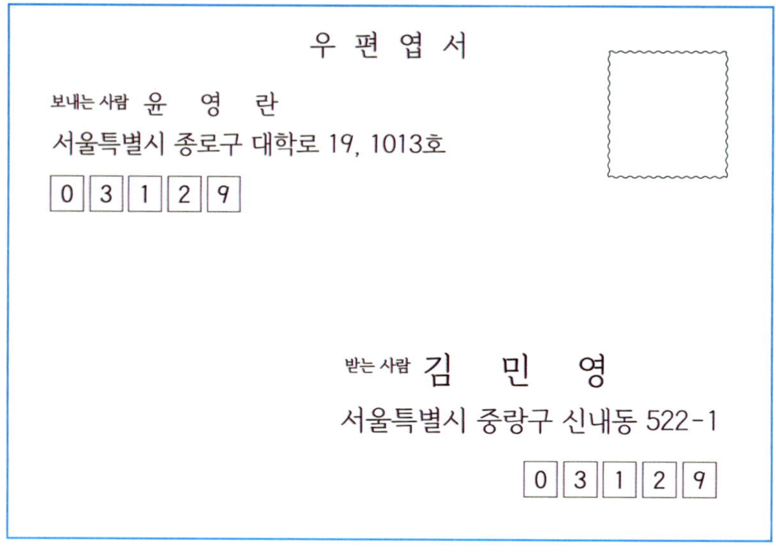

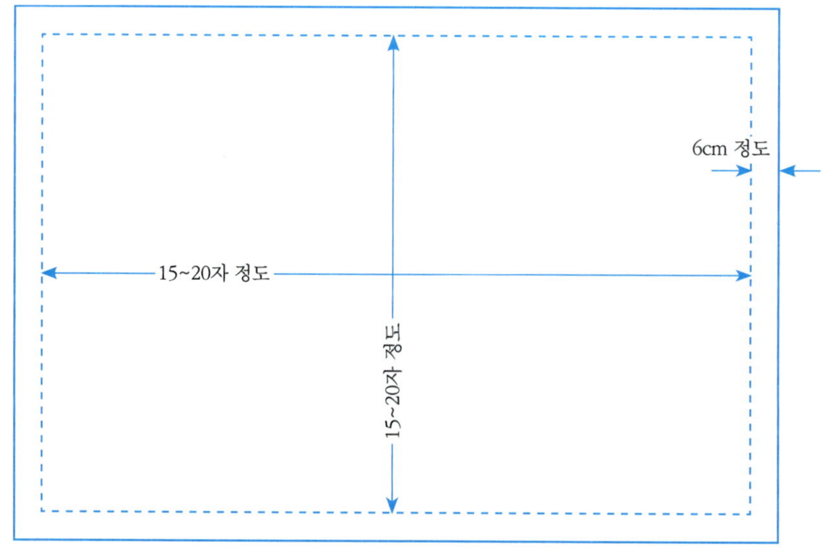

편지 봉투 쓰기

긴 봉투는 편지나 안내장 등에 쓰이며, 각봉투의 경우에는 연하장, 안내장, 카드, 청첩장, 기타 등에 쓰입니다.

① 봉투의 글자는 모두 정자로 정확히 써야 합니다.
② 우편번호는 확실히 기입하여야 합니다.
③ 받는 사람의 주소와 이름은 자신의 주소와 성명보다 크게 씁니다.

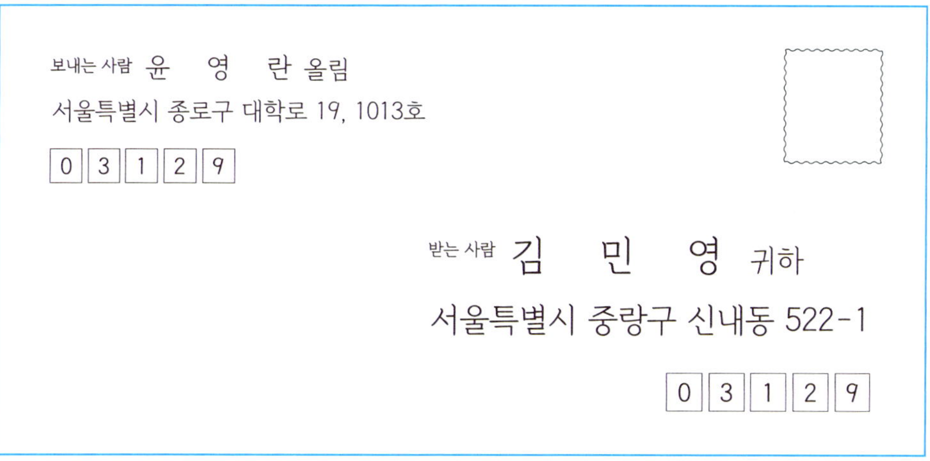

경조사 봉투 쓰기

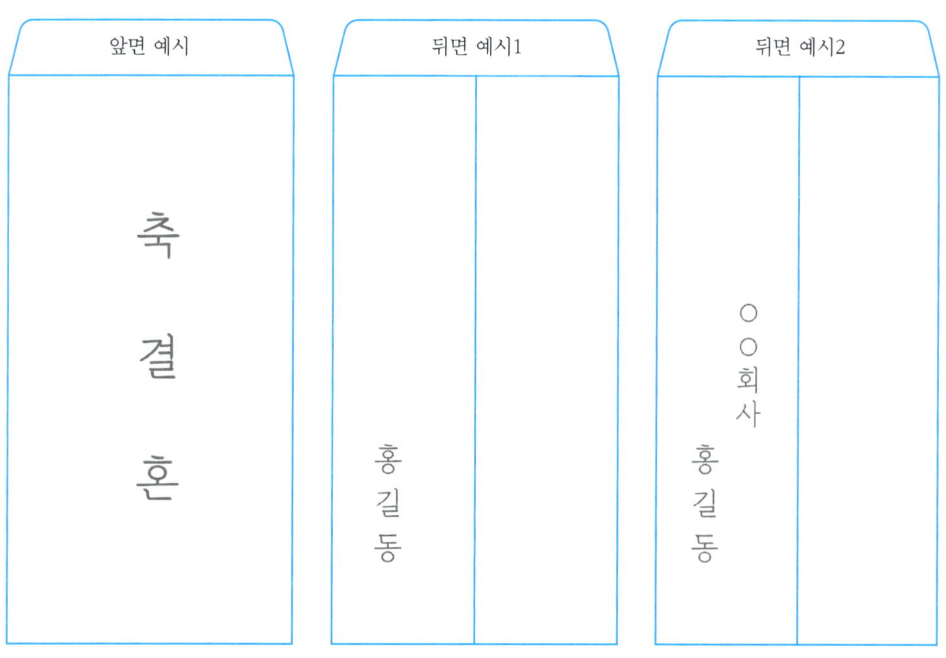

교정부호

기호	쓰임	쓰임의 예
∨	띄어 쓸 때	아름다운 우리강산
⌢	붙여 쓸 때	감이 주렁 주렁
∨	글자를 끼워 넣을 때	시골 날이었다. (가는)
⌣	여러 글자를 고칠 때	둘러있는 앉은
∽	글의 순서를 바꿀 때	앉아 홀로
♂	글자를 바꿀 때	시원한 바란 람
♂♂♂	글자를 뺄 때	언니는은 예쁘다
⌐	줄을 바꿀 때	"야옹야옹" 고양이가 운다
↰	줄을 이을 때	난 매우 기쁘다. 하지만, 넘 바쁘다.
⌐	글자를 오른쪽으로 옮길 때	산으로 가자. →
⌐	글자를 왼쪽으로 옮길 때	← 날마다 달린다.
⊕生	글자를 되살릴 때	우리 학교 도서실
∨	줄 삽입할 때	독도는 우리 땅 우리 나라만세!
⊗	원래대로 둘 때	개구리가 개굴개굴~
⊓	끌어 내릴 때	점심은 꼭 12시에 먹는다.
⊥	끌어 올릴 때	점심은 꼭 12시에 먹는다.